U0454027

捷克
知识产权法

重庆知识产权保护协同创新中心 ◎组织翻译
西南政法大学知识产权研究中心

张惠彬　刘诗蕾◎译

易健雄◎校

知识产权出版社
全国百佳图书出版单位
——北京——

图书在版编目（CIP）数据

捷克知识产权法/重庆知识产权保护协同创新中心，西南政法大学知识产权研究中心组织翻译；张惠彬，刘诗蕾译. —北京：知识产权出版社，2025.2. —（"一带一路"国家知识产权法译丛）. —ISBN 978 - 7 - 5130 - 9616 - 4

Ⅰ. D952.434

中国国家版本馆 CIP 数据核字第 202442S2J0 号

内容提要

本书收录了捷克的著作权法，发明、工业设计和实用新型法，商标法的中文译本，详细介绍了捷克在知识产权保护方面的法律框架和实施细节。本书不仅可以帮助学者、法律从业者和企业管理者理解和掌握捷克知识产权保护的具体措施和政策，而且有助于他们研究和处理在捷克的法律事务和商业运营。本书可作为知识产权领域从业人员、高校法学院师生的工具书。

责任编辑：王祝兰　章鹿野		责任校对：王　岩	
封面设计：杨杨工作室·张　冀		责任印制：刘译文	

捷克知识产权法

重庆知识产权保护协同创新中心
西南政法大学知识产权研究中心　　组织翻译

张惠彬　刘诗蕾　译
易健雄　校

出版发行：知识产权出版社有限责任公司	网　　址：http://www.ipph.cn
社　　址：北京市海淀区气象路 50 号院	邮　　编：100081
责编电话：010 - 82000860 转 8338	责编邮箱：zhluye@163.com
发行电话：010 - 82000860 转 8101/8102	发行传真：010 - 82000893/82005070/82000270
印　　刷：三河市国英印务有限公司	经　　销：新华书店、各大网上书店及相关专业书店
开　　本：720mm×1000mm　1/16	印　　张：11.75
版　　次：2025 年 2 月第 1 版	印　　次：2025 年 2 月第 1 次印刷
字　　数：200 千字	定　　价：90.00 元

ISBN 978 - 7 - 5130 - 9616 - 4

序　言

自我国于 2013 年提出"一带一路"倡议以来，我国已与多个国家和国际组织签署了 200 多份合作文件。"一带一路"倡议的核心理念已被纳入联合国、二十国集团、亚太经济合作组织、上海合作组织等诸多重要国际机制的成果文件中，成为凝聚国际合作共识、持续共同发展的重要思想。国际社会业已形成共建"一带一路"的良好氛围，我国也在基础设施互联互通、经贸领域投资合作、金融服务、人文交流等各项"一带一路"建设方面取得显著成效。国家也号召社会各界对加入"一带一路"建设的各个国家和国际组织的基本状况、风土人情、法律制度等多加介绍，以便相关人士更好地了解这些国家和国际组织，为相关投资、合作等提供参考。

基于此背景，重庆知识产权保护协同创新中心与西南政法大学知识产权研究中心（以下简称"两个中心"）响应国家号召，结合自身的专业特长，于 2017 年 7 月启动了"一带一路"国家知识产权法律的翻译计划。该计划拟分期分批译介"一带一路"国家的专利法、商标法、著作权法等各项知识产权法律制度，且不做"锦上添花"之举，只行"雪中送炭"之事，即根据与中国的经贸往来、人文交流的密切程度，优先译介尚未被翻译成中文出版的"一带一路"国家的知识产权法律制度，以填补国内此类译作的空白。确定翻译方向后，两个中心即选取了马来西亚、斯里兰卡、巴基斯坦、哈萨克斯坦、以色列、希腊、匈牙利、罗马尼亚、捷克、澳大利亚等十国的专利法、商标法、著作权法作为翻译对象。第一期的专利法、第二期的商标法、第三期的著作权法翻译工作已经完成，并先后于 2018 年 10 月、2021 年 7 月、2023 年 7 月各出版两辑。六辑译作出版后，得到了良好的社会评价，《中国知识产权

报》在 2022 年 1 月 14 日第 11 版和 2023 年 8 月 18 日第 11 版分别对该译作作了专题报道。

2018 年 10 月至今，十国知识产权法多有修订之处，同时为了方便读者集中查询一国专利、商标、著作权等知识产权法律规定，两个中心随即以前三期翻译工作为基础，启动了第四期以国别为单位的翻译工作，并确定由各国专利法、商标法、著作权法的原译者分别负责该国知识产权法律的译介工作，包括根据相关法律最新修订文本重新翻译、对该国的知识产权法律状况作一整体的勾勒与评价等。该项工作历经前期整理、初译、校对、审稿、最终统校等多道程序后，终于完成，以国别为单位分成十本图书出版，"国名 + 知识产权法"即为书名。

众所周知，法条翻译并非易事。尽管译校者沥尽心血，力求在准确把握原意基础之上，以符合汉语表达习惯的方式表述出来，但囿于能力、时间等各方面因素，最终的译文恐仍难完全令人满意，错漏之处在所难免。在此恳请读者、专家批评指正。无论如何，必须向参与此次译丛工作的师生表示衷心的感谢。按国别对译者记录如下：牟萍（马来西亚），王广震（斯里兰卡），马海生（巴基斯坦），田晓玲、陈岚、费悦华（哈萨克斯坦），康添雄（以色列），廖志刚、廖灵运（希腊），秦洁、肖柏杨、刘天松、李宇航（匈牙利），郑重、陈嘉良、黄安娜（罗马尼亚），张惠彬、刘诗蕾（捷克），曹伟（澳大利亚）。此外，易健雄老师承担了此次翻译的主要组织工作，并为译稿作了最后的审校。最后，感谢知识产权出版社的大力支持，使译稿得以出版。

2024 年是共建"一带一路"奔向下一个金色十年的开局之年。唯愿这四期"一带一路"国家知识产权法律翻译工作能为"一带一路"的建设稍尽绵薄之力，在中国式现代化建设中实现两个中心的专业价值。

重庆知识产权保护协同创新中心
西南政法大学知识产权研究中心
2024 年 11 月 26 日

前　言

在全球化背景下，知识产权作为创新发展的关键驱动力，其保护与管理日益受到各国政府及国际社会的关注。位于欧洲的捷克既拥有丰富的文化遗产和历史传统，又是知识产权保护的积极践行者。经过多年的发展与完善，捷克的知识产权法律体系已逐渐成为该国法律框架中不可或缺的一部分，为捷克国内外创新者和企业家提供坚实的法律保障。捷克的知识产权法律体系的发展历程与该国政治、经济及国际地位紧密相连。随着捷克加入联合国、世界贸易组织、欧盟等国际组织，捷克的知识产权法律体系经历了一系列改革，以适应其对国际标准和市场一体化的需求。

捷克的知识产权制度涵盖了著作权、专利、商标等多个方面。在著作权法方面，捷克的著作权保护始于 19 世纪，继承了奥地利的法律体系。然而，由于当时政治和社会发展局限，著作权保护实施困难，作者权利受限。随后，捷克政府鉴于要加入《与贸易有关的知识产权协定》及遵守世界知识产权组织的要求，于 2000 年颁布了捷克著作权法。在专利法方面，捷克与欧盟立法接轨始于其 1990 年专利法，动力源于欧盟要求捷克达到与成员国相同的知识产权保护水平方可允许其加入。因此，国际条约及欧盟其他成员国专利法成为捷克专利立法的重要参考。捷克先后加入了多项知识产权国际公约，如《专利合作条约》《保护工业产权巴黎公约》《欧洲专利公约》等，并根据国际条约对捷克专利法进行数次修订。在商标法方面，捷克以欧洲共同体委员会协调成员国商标立法第一号指令为依据于 1995 年颁布了捷克商标法，后续于 2003 年进行修改，以履行国际公约的要求。值得一提的是，2019 年 1 月，捷克实施了《第 2015/2436 号欧盟商标指令》，扩大了商标申请类型，例如声

音商标、动态商标和多媒体商标等，不再局限于图形方式。

捷克的知识产权司法、行政管理体系同样值得关注。在司法方面，捷克为知识产权权利人提供民事和刑事保护。捷克布拉格市法院对侵犯专利权纠纷等民事一审案件具有专属管辖权；一般地区法院对侵犯著作权纠纷等民事一审案件有管辖权，具体的法院管辖取决于被告住所地。上诉案件由捷克布拉格高等法院或奥洛穆茨高等法院管辖。捷克刑法典规定了侵犯知识产权的刑事制裁，包括没收仿冒品、经济处罚和监禁。权利人可告知警方，同时采取民事和刑事措施。权利人还可接受自愿调解服务。行政管理方面，捷克工业产权局负责专利和商标的注册与保护，而捷克文化部则主要负责著作权的管理。这些机构的合作，加上法院系统对知识产权侵权行为的有效制裁，构成了捷克知识产权保护的坚实基础。

捷克政府不断加强对知识产权保护的重视，于2019年批准了2019—2030年国家创新战略，旨在2030年以前使捷克成为欧洲最具创新能力的国家之一。该战略包含九大支柱，包括研发融资与评估、创新中心、初创环境、理工教育、数字化、流动性与建筑环境、知识产权保护、智能投资和智能营销。该战略指出，捷克在知识产权保护方面存在不足，与先进国家相比，专利授权数量较少，保护意识薄弱。因此，该战略提出提高保护意识、加强利用，并在欧盟和其他管理文件中反映保护概念的目标和措施。这是捷克首次在国家级战略中系统地提及知识产权保护问题。

随着"一带一路"倡议的推进，捷克与中国在知识产权领域的合作前景广阔。两国在知识产权保护方面的共同努力，不仅能够促进双边贸易和投资，而且可以加强科技和文化交流，推动全球知识产权保护的进步。

译者

2025 年 1 月 5 日

译者简介

　　张惠彬，法学博士，西南政法大学副教授、博士生导师，英国剑桥大学访问学者，入选重庆市"巴渝学者"青年学者计划。兼任国家知识产权战略实施（西南政法大学）研究基地副主任，《西南知识产权评论》执行主编。在 CSSCI 期刊及中文核心期刊发表论文 60 余篇，出版著作多部。主持国家社会科学基金项目 1 项，省部级科研项目 17 项，省级教改项目 8 项。曾获得重庆市第十次社会科学优秀成果奖三等奖 1 次，获重庆市教育系统优秀论文评选二等奖 2 次、三等奖 1 次。

　　刘诗蕾，西交利物浦大学讲师，拥有香港大学法学博士学位，美国洛约拉大学和西南政法大学法学硕士学位。主要研究领域为知识产权法。

出版说明

　　重庆知识产权保护协同创新中心和西南政法大学知识产权研究中心于2017年组织开展了"一带一路"建设主要国家知识产权法律法规的翻译工作，形成了这套"'一带一路'国家知识产权法译丛"，凝聚了两个中心众多专家学者的智慧和心血。

　　本套丛书采用国家分类的编排方式，精选"一带一路"建设主要国家最新的知识产权法律法规进行翻译，包括著作权法、专利法、商标法等，旨在为中国企业、法律工作者、研究人员等提供权威、准确的法律参考，助力"一带一路"建设。然而，由于各国法律体系、文化背景、语言习惯上的差异，其知识产权法律法规的翻译工作也面临着诸多挑战，例如有些国家法律文件的序号不够连贯。有鉴于此，在本套丛书翻译和编辑出版过程中，对遇到的疑难问题、文化差异等，会进行必要的注释说明，帮助读者更好地理解原文。本套丛书翻译过程中始终坚持以下原则。

　　第一，以忠实原文为第一要义，力求准确传达原文含义，避免主观臆断和随意增减。在翻译过程中，各位译者参考了大量权威法律词典、专业文献和案例，确保术语准确、表述规范。

　　第二，充分尊重各国法律体系和文化背景的差异，在忠实原文的基础上，尽量保留原文的语言风格和表达方式。

　　第三，在保证准确性的前提下，力求译文通顺流畅、易于理解，方便读者阅读和使用。

　　真诚期待各位读者对本套丛书提出宝贵意见。

目 录 [*]

---

* 此目录由本书收录的法律文件正文提取，序号遵从原文，仅便于读者查阅。——编辑注

发明、工业设计和实用新型法

商标法

著作权法

著作权法[*]

第 1 部分　著作权与邻接权^{**}

第 1 条　适用范围

本法吸收了欧洲联盟（以下简称"欧盟"）的相关指令❶，同时遵循欧盟直接适用于成员国的法规❷，并规定了：

a）作者对其作品所享有的权利。

b）与著作权相关的权利：

---

* 本译文根据世界知识产权组织（WIPO）官网公布的捷克共和国（以下简称"捷克"）著作权法（2023 年修订）捷克语版本翻译；为方便阅读，原文中的尾注均修改为页下注。——译者注

** 本书各法律文本的层级的序号排列均遵从原文翻译，未作修改。——译者注

❶ 1993 年 9 月 27 日欧洲理事会关于协调适用于卫星广播和有线转播的著作权及其邻接权的某些规则的第 93/83/EEC 号指令；1996 年 3 月 11 日欧洲议会和欧洲理事会关于数据库法律保护的第 96/9/EC 号指令；2001 年 5 月 22 日欧洲议会和欧洲理事会关于协调信息社会中著作权及其邻接权的第 2001/29/EC 号指令；2001 年 9 月 27 日欧洲议会和欧洲理事会关于为原创艺术作品作者的利益的转售权的第 2001/84/EC 号指令；2004 年 4 月 29 日欧洲议会和欧洲理事会关于知识产权执法的第 2004/48/EC 号指令；2006 年 12 月 12 日欧洲议会和欧洲理事会关于出租权和出借权以及与知识产权领域著作权相关的某些权利的第 2006/115/EC 号指令；2006 年 12 月 12 日欧洲议会和欧洲理事会关于著作权及其邻接权保护期的第 2006/116/EC 号指令；2009 年 4 月 23 日欧洲议会和欧洲理事会关于计算机程序法律保护的第 2009/24/EC 号指令；2011 年 9 月 27 日欧洲议会和欧洲理事会的第 2011/77/EU 号指令，修改关于著作权和特定邻接权保护期的第 2006/116/EC 号指令；2012 年 10 月 25 日欧洲议会和欧洲理事会关于孤儿作品的某些许可用途的第 2012/28/EU 号指令；2014 年 2 月 26 日欧洲议会和欧洲理事会关于著作权与邻接权的集体管理以及在内部市场在线使用音乐作品权利的多地区许可的第 2014/26/EU 号指令；2017 年 9 月 13 日欧洲议会和欧洲理事会关于某些作品和其他受著作权与邻接权保护的客体的某些允许用途，以为盲人、视力障碍者或其他阅读障碍者提供便利的第 2017/1564/EU 号指令，修订关于协调信息社会中著作权及其邻接权的第 2001/29/EC 号指令；2019 年 4 月 17 日欧洲议会和欧洲理事会关于某些广播组织的在线广播和电视，广播节目的转播著作权和相关权利的第 2019/789/EU 号指令，修订第 93/83/EEC 号指令；2019 年 4 月 17 日欧洲议会和欧洲理事会关于数字单一市场的著作权和相关权利的第 2019/790/EU 号指令，修订第 96/9/EC 号和第 2001/29/EC 号指令。

❷ 2017 年 9 月 13 日欧洲议会和欧洲理事会关于为盲人、视力障碍者或其他阅读障碍者的利益，某些作品和其他受著作权与邻接权保护的客体的格式化复制件在欧盟和第三国之间跨境交换的第 2017/1563/EU 号条例。

1. 表演者对其艺术表演所享有的权利；

2. 录音制作者对其录音制品所享有的权利；

3. 录像制作者对其录像制品所享有的权利；

4. 广播电台、电视台对其广播所享有的权利；

5. 此前未公开发表的作品在著作权保护期届满后，出版者所享有的权利；

6. 出版者的报酬权；

7. 新闻出版物出版者的权利。

c）数据库制作者对其数据库所享有的权利。

d）对本法所规定权利的保护。

e）对著作权与邻接权的集体管理（以下简称"集体管理"）。

第1编　著作权

第1章　著作权的客体

第2条　作者的作品

（1）著作权的客体应当为文学作品、其他艺术作品和科学作品，是作者创作活动的创造性成果，并以客观可感知的方式表达，包括电子的、永久或者临时的形式，不论其范围、目的或意义（以下简称"作品"）。作品主要为以口头或书面形式表达的文学作品、音乐作品、戏剧作品、音乐戏剧作品、舞蹈作品、哑剧作品、摄影作品、以类似于摄影方式制作的作品、电影作品等视听作品、绘画作品、图形作品或雕塑作品等美术作品、城市设计作品等建筑作品、实用艺术作品以及地图作品。

（2）如果计算机程序、照片、以类似于摄影方式制作的作品是由作者的智力创作产生的，则也应被视为作品。如果对数据库内容的选择和安排方式是作者自身的智力创作，且其中各个部分以系统或有条理的方式安排，并且可以通过电子或其他手段单独访问的，该数据库是汇编作品。不应采用其他标准来确定计算机程序、数据库是否符合受保护条件。

（3）著作权保护延及作品的整体、作品不同的发展阶段或组成部分，包括作品的标题和角色名称，如果作品的这些部分符合第（1）款或第（2）款规定的条件，且是该款所定义的著作权客体。

（4）作品是对另一作品创造性改编的结果，包括翻译成另一种语言，也应当受到著作权保护；但不应当影响被改编或被翻译作品的作者权利。

（5）期刊、百科全书、选集、展览或其他任何对独立作品或其他内容的汇编，其选择和内容的安排符合第（1）款规定的条件的，是汇编作品。

（6）以下对象不属于作品，包括但不限于作品的主旨（主题）、时事新闻以及任何其他事实，例如概念、程序、原则、方法、发现、科学理论、数学和类似公式、统计图表和其他类似内容等。

第3条　著作权保护的公共利益例外

著作权保护不应适用于：

a）官方作品，例如法律规章、官方决定、公共措施、公共特许、公开登记簿以及对其文件的汇编，还有官方作品的正式草案和其他准备性的官方文件，包括对此类作品的官方翻译、众议院和参议院的出版物、纪念性书籍（市政编年史）、国家标志和市政标志，以及任何其他因公共利益而被排除在著作权保护之外的作品。

b）传统民俗文化作品，作者的真实姓名是众所周知的除外。如果作品不是匿名或假名作品（第7条），则只能通过不损害其价值的方式使用。

第4条　作品的发表和出版

（1）作品在通过首次授权的公开朗诵、表演、展示、展览、出版或以其他方式向公众提供时，视为已发表。

（2）作品自其复制品经过授权向公众分发时，视为已出版。

第2章　作者身份

第5条　作　　者

（1）作者是指创作作品的自然人。

（2）汇编作品的作者是指对作品作出创造性选择与安排的自然人；被汇编作品的作者的权利不应受到影响。

第6条　作者身份的法律推定

除有相反证明外，作者应当是以通常方式在作品上标明其真实姓名的自然人，或在相关集体权利管理组织的登记中表明与作品关系的自然人；如果这些信息与其他指示作者身份的信息相冲突，则前述规定不适用。此条款同

样适用于假名，除非作者使用的假名无法表明作者的身份。

第 7 条　匿名和假名

（1）按照作者此前的声明，其作品不署名发表（匿名作品），或最终以假名或艺术签名发表的（假名作品），未经作者同意不得公开其作者身份。

（2）除非有相反证明，否则在匿名或者假名作品的作者公开表明其作者身份之前，该作品的发表人应当以自己的名义，为作者的利益，代表作者行使与保护该作品的著作权；如果作者的真实姓名是众所周知的，则作者无须发表公开声明。

第 8 条　合作作者

（1）两个或两个以上的作者共同创作的单一作品（合著作品），著作权属于所有合作作者共有。即使单个作者对作品的创造性贡献能够被区分出来，只要此种贡献不能够被单独地行使，就不影响合作作品的状态。

（2）仅对作品的创作提供技术、管理或专业性质的协助或建议，或仅对作品的创作提供文件资料或是技术物资，或仅是发起创作的人，不属于合作作者。

（3）合作作品相关的权利和义务由所有合作作者共同享有和承担。

（4）合作作者应当全体一致地决定对合作作品的处置。如果某位合作作者无正当理由妨碍对合作作品的处置的，其他合作作者可以向法院要求替代该合作作者的许可。在合作作品遭受损害或侵权时，单个合作作者可以独立请求对该作品的著作权保护。

（5）除合作作者之间另有约定外，各合作作者对该合作作品的著作权收益享有的份额应当与各人对该作品的创造性贡献成正比；如果无法区分各自创造性贡献的，则共同收益应平均分配。

第 3 章　著作权的产生和内容
第 1 节　一般规定

第 9 条　著作权的产生

（1）著作权自作品通过可被客观感知的形式表达起产生。

（2）作品的著作权不因作品载体的损毁而消灭。

（3）除非另有约定或本法中另有规定，否则取得作品载体的所有权或其他任何物权并不取得使用该作品的权利。另有约定或特别法另有规定，授权他人行使作品的权利不应影响作品载体的财产权或其他物权。

（4）除非另有约定或本法、特别法另有规定，作品载体的所有人或其他使用人不负有维护及保护该载体免于损毁的责任。

第 10 条　著作权的内容

著作权应当包含专属人身权（第 11 条）和专属财产权（第 12 条及以下）。

第 2 节　人身权

第 11 条

（1）作者有权决定是否发表其作品。

（2）作者有权表明其作者身份，包括在发表作品以及进一步使用作品时，决定是否及以何种方式表明其作者身份，如果该使用方式通常须表明作者身份。

（3）除非本法另有规定，作者有权保护其作品不受侵犯，尤其是授权对其作品进行任何改动或其他干预的权利。他人对作品的使用不能减损作品的价值。作者有权对他人履行该义务进行监督（作者的监督），除非受到作品的性质或其用途的限制，或者无法合理地要求使用者允许作者行使其监督权。

（4）作者不能放弃或转让其人身权，作者的人身权自作者死亡后消灭。本款不影响第（5）款的规定。

（5）作者死亡后，任何人不得冒称为其作品的作者。对作品的使用不得减损其价值。除非该作品为匿名作品，在通常须指明作者姓名的使用情形下，必须指明作者的姓名。与作者有密切关系的人、与作者相关联的法律实体，或相关集体管理组织在财产权保护期届满后也可主张对作品的保护。

第 3 节　财产权

第 1 分节　使用作品的权利*

第 12 条　使用作品的权利

（1）作者有权以其最初形式或以其他改变或调整后的形式使用其作品，

---

* 本法第 3 节第 1 分节与第 12 条的标题在原文中一模一样，遵从原文。——编辑注

无论是单独使用，还是与其他作品或元素结合或汇编，并以合同的形式授权他人行使该权利；他人只能在本法规定的情形下不经许可使用该作品。

（2）作者的权利不因许可第（1）款的权利而消灭；作者仅在合同约定的范围内允许他人对其作品使用权进行干涉。

（3）若作者行使本法规定的著作权必须接触其作品的载体，则作者有权要求作品载体的所有人允许其接触该作品载体。行使本项权利不得侵犯作品载体所有人的合法利益；作品载体的所有人没有义务让与这一作品载体；但作品载体的所有人有义务在作者提出要求并承担费用的情形下，通过拍照或其他方式制作作品的复制件，并将该复制件交给作者。

（4）作品的使用权是指：

a）复制作品的权利（第13条）。

b）发行作品原件或复制件的权利（第14条）。

c）出租作品原件或复制件的权利（第15条）。

d）出借作品原件或复制件的权利（第16条）。

e）展览作品原件或复制件的权利（第17条）。

f）向公众传播该作品的权利（第18条），尤其是：

1. 现场表演作品或播放作品的录制品的权利和传送作品的表演的权利（第19条至第20条）；

2. 以广播或电视方式传播作品的权利（第21条）；

3. 转播广播或电视作品的权利（第22条）；

4. 播放广播或电视作品的权利（第23条）。

第13条 复　　制

（1）作品的复制，是指以任何方式、任何形式制作作品或其任何部分的复制件，包括临时或永久的、直接或间接的复制件。

（2）作品主要以印刷、摄影、音频、图像视听复制件、以建造建筑作品或任何其他三维复制件的形式复制，或以电子形式复制，包括其模拟和数字表达。

第14条 发　　行

（1）发行作品的原件或复制件是指通过销售或其他转移作品原件或复制件所有权的方式，提供作品的有形形式，包括为此目的提供作品。

（2）自作者本人或经作者同意在欧盟成员国或欧洲经济区成员国境内首次销售或以其他方式转让作品的原件或复制件所有权后，作者就作品的原件或复制件在该地区享有的发行权用尽；作品的出租权和出借权不受影响。

第15条　出　　租

作品原件或复制件的出租是指为直接或间接的经济或商业利益，通过在有限期间内转移作品的原件或复制件，提供作品的有形形式。

第16条　出　　借

作品原件或复制件的出借是指不为直接或间接的经济或商业利益，通过向公众开放的机构，通过在有限期间内转移作品的原件或复制件的方式，提供作品的有形形式。

第17条　展　　览

展览作品的原件或复制件是指通过使作品的原件或复制件能被以任意方式参观或感知的方式，提供作品的有形形式，尤其是美术作品、摄影作品、包括城市设计作品在内的建筑作品、实用艺术作品，或者地图作品的原件或复制件。

◆ **向公众传播**

第18条　一般规定

（1）向公众传播作品是指通过无线或有线、现场或录制的形式，以无形形式向公众提供作品。

（2）第（1）款规定的向公众传播作品也指以公众可在自己选定的时间和地点获取作品的方式向公众提供作品，尤其是通过使用计算机网络或其他类似的网络。也包括在线内容分享服务提供商根据第46条第（1）款使公众能够获取由其用户上传的作品。

（3）仅是运行设备以向公众传播作品或确保该传播的进行，不属于向公众传播作品。

（4）根据第（1）款和第（2）款向公众传播作品并不意味着作者向公众传播作品的权利已经用尽。

第19条 作品的现场表演及其传送

（1）作品的现场表演是指表演者以现场表演的方式提供作品，包括但不限于现场朗诵文学作品，现场表演带歌词或者不带歌词的音乐作品，现场表演戏剧、音乐剧、舞蹈、哑剧等作品。

（2）传送作品的现场表演是指通过扩音器、屏幕或类似设备，在表演场地外同步提供作品的现场表演，但不包括本法第21条至第23条规定的传播方式。

第20条 作品的机械表演及其传送

（1）作品的机械表演是指通过技术设备播放作品的录音制品或录像制品，但不包括本法第21条至第23条规定的传播方式。

（2）传送作品的机械表演是指通过扩音器、屏幕或类似设备，在表演场地外同步提供作品的机械表演。

第21条 通过广播或电视传播

（1）通过广播或电视传播作品指的是通过无线电、电缆或卫星等手段，以无线或有线的方式传播声音、图像或声音与图像的表达，包括通过电缆传播或卫星广播，由初始广播公司进行的传播。广播或电视传播作品还包括原始广播公司根据第22条将节目信号提供给传输运营商，尽管在这种提供过程中公众不可访问节目信号。依据第二句使用作品被视为单一地向公众传播行为，其中广播公司和传输运营商根据第22条均参与传播但不承担连带责任；它们都必须就其在这种向公众传播中的部分获得许可；第97d条第（1）款a）项第1点、第2点，第97d条第（1）款c）项，第97e条第（4）款c）项和n）项，第98c条第5款的规定参照适用。第（5）款至第（7）款不适用于传输运营商。

（2）在本法中，卫星是指用于以下频段的卫星：

a）根据电信特别法的规定，用于传输公共接收信号的卫星；或

b）用于封闭式点对点传播的卫星，如果信号的单点接收与a）项规定的情况类似。

（3）第（1）款规定的通过卫星向公众广播是指在广播者控制并负责的情况下，将载有声音、音像或其表达的公共信号，通过不间断的传输链发送

到卫星，再由卫星传回地面的行为。如果载有字符、声音或图像的信号被加密，只要广播者向公众提供或同意提供信号解密方式，就属于第（1）款规定的广播行为。

（4）第（1）款规定的广播行为也包括由同一广播者通过广播或电视同步、完整、不加修改的广播作品。

（5）如果载有声音、音像或其表达的公共信号，在广播者控制并负责的情况下，通过不间断的传输链发送到卫星，再由卫星传回地面，则认定该卫星广播发生在欧盟或欧洲经济区成员国境内。

（6）若卫星广播发生在他国境内且该国不提供与本法同等或更高程度的著作权保护的，并且以下地点位于欧盟或欧洲经济区成员国境内的，应当认定该卫星广播发生于欧盟或欧洲经济区成员国境内：

a）向卫星传送载有声音、音像或其表达的公共信号的站点所在地；或

b）如果 a）项规定的地点不存在，则为广播者的设立地。

通过卫星进行广播的权利可以针对 a）项下的电台运营者，也可以针对 b）项的广播者。

（7）如果载有声音、音像或其表达的公共信号通过不间断的传输链发送到卫星，再由卫星传回某一国境内，该国不提供与本法同等或更高程度的著作权保护，且实施这一传播行为的站点位于欧盟或欧洲经济区成员国境外，初始广播者的管理机构位于欧盟或欧洲经济区成员国境内，则该传播行为应当被视为发生在欧盟成员国境内。本法规定的权利可适用于该广播者。

第 21a 条　广播公司的附加在线服务

（1）就本法而言，广播公司的附加在线服务是指：

a）在广播公司通过计算机或类似网络传输作品的同时，由同一广播公司以原样形式进行作品传输；

b）根据第 18 条第（2）款的规定，在同一广播公司播出该作品后的规定时间段内，向公众提供广播作品；或

c）根据第 18 条第（2）款的规定，如果某作品是广播内容的附属部分，例如广播节目的预告片和此类节目的评论，且由同一广播公司向公众提供该作品。

（2）除非另有约定，第（1）款所述作品的使用应被视为在欧盟成员国或广播公司总部所在的欧洲经济区成员国的领土内进行。

（3）第（2）款的规定应适用于以下情形对作品的使用：

a）由无线电广播公司播出；以及

b）由电视台在新闻节目和时事节目中，或在由该电视台自行制作的节目中播出，但本规定不适用于电视台转播的体育赛事中包含的作品。

（4）第（2）款的规定也适用于为提供、访问或使用其他在线服务所必需的作品的复制。

（5）在谈判授予行使第（1）款至第（4）款所述权利的许可的报酬❶时，应考虑辅助在线服务的特点，特别是其性质、作品的可用期限、使用地域范围、听众或观众的数量以及语言版本的数量。这并不妨碍根据广播公司从附加在线服务中获得的收入来计算报酬金额的可能性。

第22条　转播广播或电视

（1）转播广播或电视播出的作品，是指由广播者以外的主体以无线或者有线的方式同时、完整、不加改变地播送该广播、电视包含的作品，使公众可以获得该作品，不论该转播者为此目的如何从原广播者处获得意图向公众传播的带有声音或声音和图像的信号。第21条第（3）款第二句的规定参照适用。

（2）以有线方式转播广播或电视播出的作品，是指以有线或微波系统转播第（1）款所述广播或电视播出的作品，不论该广播节目的广播者以外的其他人为此目的如何从原广播者处获得意图向公众传播的带有声音或声音和图像的信号。第21条第（3）款第二句的规定参照适用。

第23条　播放广播或电视

播放广播或电视播出的作品是指通过技术上能够接收电视或广播的设备播放广播或电视包含的作品。根据第18条第（3）款的规定，医疗服务机构在提供医疗服务期间向病人提供作品的，不认为是播放广播或电视播出的作品。根据第18条第（3）款的规定，如果播放广播和电视播出的作品是附带的，面向一小部分人，与接收者的意愿无关并且不具有营利目的，则不认为是播放广播或电视播出的作品。

---

❶ 民法典第2366条。

第2分节　其他财产权

第24条　转售艺术品原件获得报酬的权利

（1）如果作者将美术作品原件的所有权转让给他人，该受让人随后以1500欧元或以上的售价再次出售该作品原件，且画廊经营者、拍卖商或其他系统性从事艺术品交易的人员（以下简称"经销商"）作为卖方、买方或中介参与了该销售，则作者有权就该作品原件的转售收取根据本法附件1规定的报酬。

（2）根据第（1）款规定应向相关集体管理组织支付报酬的，由卖方和经销商承担共同连带责任。集体管理组织应当允许支付义务人查看第97c条第（1）款规定的登记内容。

（3）第（1）款规定的艺术作品原件是指任何艺术作品的原件，包括但不限于绘画、素描、草图、拼贴、雕塑、版画、石版画（平版印刷）或其他图形、摄影、挂毯、陶瓷、玻璃和设计师珠宝，只要这些艺术作品由作者本人创作或被视为艺术作品原件的复制件。被视为艺术作品原件的复制件是指由作者本人或在其指导下制作的数量有限的复制件，并由作者编号、签名或以其他方式正式授权。第（1）款规定的报酬不适用于以建筑物为表现形式的建筑作品、实用艺术作品（除非其具有艺术作品原件的特征）以及作曲家和作家的手稿。

（4）如果经销商是在3年内由原作者处购得该美术作品原件，且转售价格不超过10 000欧元的，则不适用第（1）款的规定。

（5）为行使第（1）款规定的权利并准确计算相关报酬，购买价格应当被理解为不含增值税的价格。

（6）作者和集体管理组织在销售后的3年内，有权要求经销商提供影响作者或集体管理组织获得第（1）款规定的报酬的任何信息，包括用于识别卖方身份的数据。只有在正当情况下，特别是在质疑该销售、购买价格有争议，或未能向经销商付款的情况下，集体管理组织才能要求提供识别卖方身份的数据，但必须确保所提供的个人数据得到保护。第（1）款规定的经销商出售美术作品原件后，最迟应在销售发生后的次年的1月31日前通知相关权利人。通知应包括对所售美术作品原件的说明以及售价信息。除集体管理组织和转售人之间另有约定外，根据集体权利管理协议该报酬应当在不短于30日

的期限内支付。

第25条 为个人使用和内部使用复制作品及作者的获酬权

（1）已公开作品在以下情形中可被复制：

a）为自然人的个人使用，或为法律实体或个体经营者的内部使用（第30条和第30a条），使用设备在纸张或其他类似介质上制作印刷复制件；或

b）为自然人的个人使用（第30条），将声音、音像、其他录制品、广播或电视节目，通过设备转录到空白的录制载体上；

作者有权对这种作品的复制获得报酬。

（2）根据第（1）款的规定需要支付报酬的主体是指：

a）录制设备的生产商、由第三国进口该设备的进口商（以下简称"进口商"），或该设备在欧盟或欧洲经济区成员国的收货人（以下简称"收货人"）；

b）印刷的设备生产商、进口商或收货人；

c）空白的录制载体的生产商、进口商或收货人；

d）承运人或货运代理应无不当延迟地书面通知相关集体管理组织用于确认进口商、收货人或生产商所必需的信息，否则承运人将代替a）项至c）项规定的责任人支付报酬；

e）有偿提供印刷复制件的（第30a条）印刷服务提供商；有偿印刷服务提供商也包括有偿提供印刷设备的人。

（3）自进口、收到或首次销售以下物品起，作者有权向本条第（2）款a）项至d）项规定的主体就为个人使用复制作品收取报酬：

a）录制设备；

b）印刷设备；

c）空白的录制载体。

（4）第（2）款b）项规定的主体支付的报酬应基于根据第30a条制作的印刷复制件的设备数量确定。为计算应收取的报酬，这种设备的数量被定为该主体制造、进口或接收的所有印刷设备的20%。报酬应根据设备的平均价格计算，不包括增值税。

（5）向第（2）款e）项规定的主体收取的报酬应基于根据第30a条制作的作品复制件的数量确定。本法附件1第6点和第7点规定的计算方法可适用于计算就制作的印刷复制件收取的报酬。

（6）第（2）款规定的主体应在不迟于次月月底的期限内，向相关集体管理组织提交半年内与确定报酬有关的事实资料，包括但不限于销售、进口或接收的录制设备，印刷设备，空白的录制载体的类型和数量，以及由有偿提供印刷服务的设备制作的印刷复制件总数。

（7）文化管理部门（以下简称"文化部"）应当发布指令，指明根据第（1）款规定应当支付报酬的印刷设备以及空白录制载体的种类，同时指明根据设备和载体类型确定的一次性报酬的数额。该指令还应指明根据第（1）款规定应当支付报酬的录制设备的种类；本法附件1规定了该报酬的计算方法。

（8）如果第（3）款a）项和b）项规定的设备或空白的录制载体是为了出口或寄售，则无须支付报酬。同样，如果这种设备或空白录制载体是使用人根据已获得的作品复制许可，在捷克国内自行使用的，也无须支付报酬。

第25a条　出租作品原件或复制件及作者的获酬权

作者许可出租录制为录音或录像制品的作品的原件或复制件的，作者有权向租用作品原件或复制件的人收取合理报酬；作者不能放弃这项权利。

第25b条　公平分享出版商收入的权利

作品作为新闻出版物的一部分出版的作者，有权获得新闻出版物出版商依据第87b条行使权利所获收入合理份额。

第4节　财产权的一般规定

第26条

（1）作者的财产权不得放弃、转让，也不能根据裁决强制执行；但因这些财产权产生的债权除外。

（2）财产权可以继承。如果作品的财产权由多名继承人继承，继承人之间的关系应参照适用第8条第（3）款和第（4）款的规定。如果国家继承了这种财产权或财产权被没收、征收、征用，则该权利由捷克国家文化基金会❶行使；如果是视听作品，则由国家电影基金会❷行使。行使这些权利所获得的收入属于这些国家基金会。上述国家基金会应保存财产权已被国家继承或受让的作者名单，每年更新并在次年的1月31日之前在其网站上发布。

（3）如果继承作品财产权的法律实体在法律上终止，且没有合法继承人，

---

❶　关于捷克国家文化基金的第239/1992号法令。
❷　经修订的关于视听作品和电影制作的支持和其他法律修正案的第496/2012号法令（视听法）。

则该财产权归国家所有。参照适用第（2）款第二句、第三句的规定。

（4）除非该条款的性质另有说明，本法有关作者的规定也适用于根据第（2）款和第（3）款规定继承了作品财产权的继承人或国家。

第26a 条　已废止

第5节　财产权的保护期

第27 条

（1）除另有规定外，财产权的保护期是作者终身及其死亡后70年。

（2）作品是合作作品的，其保护期计算以最后死亡的作者为准。

（3）匿名和假名作品的财产权保护期为作品授权发表之日起70年。如果匿名或假名作品的作者的真实姓名是公知的，或者如果作者在本款首句规定的期间内公开其身份［第7条第（2）款］，此类作品的财产权保护期适用第（1）款的规定，合作作品同时适用第（2）款的规定。本款规定也适用于汇编作品（第59条），除非在作品公开时，创作汇编作品的作者被认定为该作品的作者；在这种情况下，汇编作品的财产权保护期适用上述第（1）款或第（2）款的规定。

（4）作者死亡不影响财产权保护期计算的作品，或者自创作之日起70年内没有发表的作品，其财产权保护期为70年。

（5）视听作品的财产权保护期根据以下最后死亡的人员计算：导演、编剧、场景对话编剧、专门为视听作品创作音乐的作曲家。

（6）如果音乐作品与歌词是为了结合使用而创作的，即使它们不是合作作品（第8条），其财产权的持续期限为歌词作者和音乐作品作者中最后生存者去世之日起70年。第一句的规定同样适用于音乐剧作品。

（7）如果作品的出版对财产权期间的起算具有决定性作用，并且作品是在特定的一段时间内，以卷、集、续集或系列的形式出版的，则每部分的财产权保护期应当分别计算。

（8）财产权的保护期始终从其计算的事件发生的次年的第一天开始计算。

（9）孤儿作品财产权期限的确定，参照第（1）款至第（8）款的规定；对于未表明作者的作品，第（3）款应参照适用。

第 6 节　孤儿作品

第 27a 条

（1）第 2 条所指的作品，如果作者的身份不明，或者即使被确定，但按照本法规定的方式进行彻底搜索也无法找到作者，则该作品应被视为孤儿作品。

（2）如果一件作品有多个作者且不是所有作者都被指明，或者虽然指明了所有作者，但根据第 27b 条规定的方式无法找到所有作者的，则就未确定或未找到的作者的权利而言，该作品被视为孤儿作品。对于已被确定的作者，适用第 12 条规定的权利。

（3）如果符合第（1）款规定的条件，该作者的所有作品都应被视为孤儿作品，除非有相反的证据。

（4）如果第（1）款规定的条件不再适用，该作品就不被视为孤儿作品。如果孤儿作品根据第 37a 条被使用，作者应书面通知根据该条第（1）款使用该作品的人，以终止该作品的孤儿作品状态。前述使用者应以书面形式通知有关集体管理组织该作品已终止孤儿作品状态，不得无故拖延。如果没有出现这种使用，作者有权书面通知根据本法保护相关孤儿作品清单的集体管理组织其作者身份，终止孤儿作品的状态。就第（2）款第一句所述的作品，第一句至第四句应参照适用。

（5）第 37a 条第（1）款至第（4）款所述的作品，如果在欧盟或欧盟经济区成员国之一被认定为是第（1）款至第（4）款所述的孤儿作品，则被认为是孤儿作品，并可根据第 37a 条在欧盟或欧盟经济区所有成员国内使用。

第 27b 条

（1）在使用作品之前，应通过咨询适用于每种类型作品的适当信息来源进行彻底搜索以确定作品是否为孤儿作品，以便识别或找到作者，无论是在欧盟成员国还是在其他作品首次出版或播出的欧洲经济区成员国。在第 37 条规定的情况下，如果电影或视听作品的制作者在欧盟或欧洲经济区成员国内有住所或惯常居住地，则应在该国或该制作者的注册办公地或惯常居住地尽职寻找该制作者。

（2）如果有证据表明可以在第（1）款所指国家以外的其他国家找到有

关作者的相关信息，则还应使用在这些其他国家获得的信息来源。

（3）必须查看的尽职检索的信息来源清单载于本法附件2。

第27c条

如果在作出合理努力确定其可获得性后，第2条规定的作品仍可被善意地假定在正常商业渠道中是无法获得的，则该作品应视为在市场上无法获得。

第7节　免费作品

第28条

任何人均可免费使用财产权保护期已届满的作品；但第11条第（5）款第一句和第87a条第（1）款的规定不受影响。

第4章　著作权的例外及限制
第1节　一般规定

第29条

（1）著作权的例外及限制仅限于法律规定的特定情形，且对作品的使用不应影响作品的正常使用或者不合理地妨碍作者的法定利益。

（2）除官方和新闻许可（第34条）、学校作品许可［第35条第（3）款］、出于存档和保存需要复制自有作品复制件的许可［第37条第（1）款a）项］、临时复制许可（第38a条）、肖像摄影许可（第38b条），以及对作品的附带使用许可（第38c条）外，免费使用和法定许可仅适用于已公开的作品。

（3）除法律另有规定外，排除或限制著作权例外和著作权限制的法律行为无效。

第2节　免费使用及法定许可

第30条　免费使用

（1）为个人使用，其目的不是获得直接或间接的经济或商业利益的，不视为本法规定的对作品的使用，但本法另有规定的除外。

（2）为个人使用制作作品的录制品、复制件或仿制件的，不构成著作权侵权。

（3）除本法另有规定外，本法规定的使用包括使用计算机程序或电子数据库，即使是为自然人的个人使用或为法律实体、个体经营者的内部使用，以及为以上需要复制该计算机程序或电子数据库；本法规定的使用还包括自然人为个人需要，法律实体、个体经营者为内部使用需要（第30a条），对建筑作品进行的以建筑物为表现形式的复制或模仿；或者在视听作品的机械表演或传送时（第20条），制作该视听作品的录制品，即使仅是为了自然人的个人使用。

（4）根据第（1）款为自然人的个人使用而制作的艺术作品的复制件或仿制件，必须始终清楚地标明其这一使用方式。

（5）根据第（1）款为自然人的个人使用而制作的作品的复制件或仿制件，不得用于该款规定以外的任何目的。

（6）第（1）款的规定不得妨碍第25条、第43条和第44条的规定。

第30a条　以纸张或其他类似物为载体的复制

（1）以下情况不视为著作权侵权：

a）自然人需要；

b）法律实体或从事商业活动的自然人需要；

c）个人根据自然人的指令，为该自然人的个人使用需要；

d）个人根据法律实体或个体经营者的指令，为该法律实体或个体经营者的内部使用需要；

通过摄影或其他具有类似效果的方式，在纸张或类似材料上制作作品的印刷复制品，但不包括已出版的音乐或音乐作品的乐谱。在c）项和d）项的情况下，应根据第25条的规定适时支付报酬。

（2）第30条第（4）款至第（6）款的规定参照适用。

第30b条　展示或维修设备

任何人在向客户演示或为客户维修设备的所需范围内使用作品的，不构成著作权侵权。

第31条　引　用

（1）任何主体的以下行为不构成著作权侵权：

　　a）在个人作品中，在合理限度内引用其他作者已发表作品的片段；

　　b）为评论或批评某作品，或为科学或专业工作目的，在特定目的所需的范围内且不超出合理限度地使用作品片段或短篇作品的全文；

　　c）不为直接或间接的经济或商业利益，在教学过程中为说明目的，或在科学研究过程中，不超出所需的合理范围使用作品。

　　然而，除非该作品是匿名作品，在可能的情况下应当始终标注作者的姓名或作品发表时标注的姓名，以及作品的标题和出处。

　　（2）任何人进一步引用根据第（1）款a）项或b）项规定引用的作品片段或者短篇作品全文的，也不构成著作权侵权。参照适用第（1）款最后一段的规定。

第31a条　数字教学许可证

　　（1）学校、高等院校或教育机构❶在教学过程中出于说明目的，并且不以直接或间接的经济或商业利益为目的，基于自身职责数字化使用作品时，不视为侵犯著作权，前提是这种使用发生在该学校或机构的场所内或在其他地点，或在仅供该校或机构的学生和教师访问的安全电子环境内，并且在可能的情况下注明作者姓名、作品名称和出处。

　　（2）根据第（1）款规定的作品使用被视为仅在特定欧盟成员国或欧洲经济区成员国的境内发生，该国是使用作品的学校、高等院校或教育机构的所在地或被认证地。❷

　　（3）第（1）款的规定不适用于主要以教育为目的的作品及已出版的音乐或音乐作品的乐谱记录。主要以教育为目的的作品是指根据教育法❸获得批准证明的作品，以及其他类似的教科书或教学材料❹。

---

　　❶　经修订的关于学前教育、小学教育、中学教育、高等职业教育和其他教育的第561/2004号法令（教育法），经修订的关于高等教育机构和其他法律修正案的第111/1998号法令（高等教育机构法），经修订的关于教育工作人员和其他法律修正案的第563/2004号法令，经修订的关于社会服务的第108/2006号法令，经修订的关于自治地区官员和其他法律修正案的第312/2002号法令，经修订的关于课外教育的第74/2005号法令，经修订的关于基础艺术教育的第71/2005号法令，经修订的关于获准组织国家语言考试的语言学校第33/2005号法令。

　　❷　第561/2004号法令第38条第（1）款c）项；第111/1998号法令第93f条。

　　❸　第561/2004号法令第27条第（1）款。

　　❹　第561/2004号法令第27条第（2）款。

第32条　促进美术作品的展览和销售

（1）为促进美术作品原件或复制件的展览和销售，在该目的所需范围内使用作品，且不以任何其他方式获取直接或间接的经济或商业利益的，不构成著作权侵权。除非该作品是匿名作品，在符合惯例的情况下，应当始终标注作者的姓名或作品发表时标注的姓名，以及作品的标题和来源。

（2）在第（1）款规定的基础上，展览作品的目录可以被进一步使用。

第33条　对位于公共场所的作品的使用

（1）以素描、绘画、图形、摄影、拍摄等方式记录或表达永久固定于广场、街道、公园、公共道路或其他公共场所的作品，不构成著作权侵权；对上述作品以同样方式作进一步使用的，同样不构成著作权侵权。除非该作品是匿名作品，在可能的情况下，应当始终标注作者的姓名或作品发表时标注的姓名，以及作品的标题和位置。

（2）上述第（1）款的规定，不适用于对建筑作品以建造建筑物的形式进行复制或模仿的情形，也不适用于复制和分发作品的三维复制件的情形。

第34条　官方和新闻许可

任何主体的以下行为不构成著作权侵权：

a）为公共安全目的，为司法、行政程序或其他官方目的，或为议会程序和制作议会纪要的目的，根据法律，在合理范围内使用作品；

b）作品在与有关时事新闻相关的情况下，并在一定程度上符合信息目的；

c）期刊、电视、广播或其他大众媒体，在合理范围内提供已经通过其他大众媒体发表的关于当前政治、经济、宗教事务的报道或其翻译；引用的作品或其翻译也可通过其他方式进一步使用；但引用或以其他方式进一步使用该作品被明确禁止的除外；

d）政治演讲、公共讲座或类似作品的摘录，在告知目的的程度内可以使用；但不应当妨碍作者汇编此类作品的权利；

在b）项至d）项规定的情形下，除非是匿名作品，在可能的情况下，应当始终标注作者的姓名或作品发表时标注的姓名，以及作品的标题和出处。

第 35 条　在民间或宗教仪式、公共机关组织的官方活动或学校表演中使用作品，以及学校作品的使用

（1）不为直接或间接的经济或商业利益，在民间或宗教仪式，或公共机关组织的官方活动中使用他人作品，不构成著作权侵权。

（2）不为直接或间接的经济或商业利益，在学校表演中，仅由学校或学校相关机构或教育机构的学生或老师使用作品，不构成著作权侵权。

（3）不为直接或间接的经济或商业利益，学校或学校相关机构或教育机构为教学目的或内部需要，使用由学生创作的，基于其与学校、学校相关机构或教育机构的法律关系，作为学校任务或教育任务一部分的作品（学校作品），不构成著作权侵权。

（4）第（1）款至第（3）款应参照适用第 31 条第（1）款最后一句的规定。

第 36 条　汇编作品著作权的限制

数据库汇编作品的授权用户为获取及正常使用其内容使用该作品的，不侵犯数据库汇编作品的著作权。

第 37 条　图书馆许可

（1）图书馆、档案馆、博物馆、画廊、学校、高等院校以及其他非营利性学校相关机构和教育机构的以下行为不构成著作权侵权❶：

a）不出于直接或间接的经济或商业目的，仅为机构自身的存档和保存目的制作作品的复制件；

b）制作已经损坏或丢失的作品的复制件，但前提是可以通过合理努力确定作品复制件未被出售，或只是复制作品损坏或丢失的一小部分；也可以按照第（2）款的规定出借上述合法复制件；

c）通过其经营场所内的专用终端设备，除了以第 18 条第（2）款规定的方式提供作品，向仅为研究目的或为个人学习的社会公众提供其收藏的特定

---

❶　经修订的关于图书馆和公共图书馆信息服务运营条件的第 257/2001 号法令（图书馆法），经修订的关于保护博物馆藏品和其他法律修正案的第 122/2000 号法令，经修订的关于存档、文件服务和其他法律修正案的第 499/2004 号法令，经修订的关于学前教育、小学教育、中学教育、高等职业教育和其他教育的第 561/2004 号法令（教育法），经修订的关于高等教育机构和其他法律修正案的第 111/1998 号法令（高等教育机构法）。

作品（且其使用不受购买或许可条款的限制），包括为提供该作品而制作复制件，但应阻止使用该作品的社会公众复制该作品；上述行为不妨碍第30a条第（1）款c）项和d）项的规定；

d）仅为研究或个人学习目的，在图书馆内出借已通过答辩的学位论文、毕业论文、博士和博士后论文的原件或复制件供参考使用，但作者禁止这种使用的除外。

（2）第（1）款所述主体出借已出版作品的原件或复制件的，如果向作者支付了本法附件1所规定数额的版税，不构成著作权侵权。如果已出版作品的原件或复制件是仅供现场借阅，或者是由学校图书馆、高校图书馆、博物馆、画廊和档案馆出借的，根据本款规定，作者无权收取报酬。

（3）第（2）款的规定不适用于录制在录音、录像制品或其他录制品上的作品复制件，其使用受销售或许可条件限制，除非是现场出借或该录制品的有形复制件是作品有形复制件的附属品。第（1）款所述主体当场出借该作品时，应当防止复制该录制品的可能性。

（4）为提供借阅和展示其馆藏内容的目的，第（1）款所述主体在封面上使用作品或部分作品的复制件，也可能包括在汇编集目录上展示作品主要内容的，不构成著作权侵权；只要能阻止他人为直接或间接的经济或商业目的复制作品，上述汇编及目录可以向公众开放。除非是匿名作品，在可能的情况下，第（1）款所述主体应当在汇编集目录中指明作者的姓名或作品发表时标注的作者名称。

（5）根据对方提出的合理请求，第（1）款所述主体应在不迟于次月月底的期限内向相关集体管理组织提供相关作品一整年的出租次数以及为收取报酬所需的其他信息。

第37a条　对孤儿作品的特定使用许可

（1）仅为实现其公共利益使命，第37条第（1）款所述主体实施以下行为，不构成著作权侵权：

a）为了数字化而复制作品，或为了以第18条第（2）款规定的方式索引、编目、保存或修复藏品中的书籍、期刊、报纸或其他文件形式的孤儿作品、孤儿电影或视听作品；或

b）根据a）项，以第18条第（2）款规定的方式提供作品。

（2）仅为实现其公共利益使命，广播者实施以下行为，不构成著作权

侵权：

a）为了数字化而复制作品，或为了以第 18 条第（2）款规定的方式索引、编目、保存或修复藏品中由其在 2002 年 12 月 31 日前制作或发起制作的孤儿电影或视听作品；或

b）根据 a）项，以第 18 条第（2）款规定的方式提供作品。

（3）第（1）款和第（2）款的规定适用于在欧盟或欧洲经济区成员国首次出版或传播（如果未出版）的作品；如果作品尚未出版或传播，但经作者同意由第（1）款和第（2）款规定的主体向公众提供，且能够合理推断作者不会反对时，可以适用第（1）款和第（2）款的规定。

（4）第（1）款和第（2）款的规定也适用于组成孤儿作品的作品或孤儿作品的一部分。

（5）以第（1）款和第（2）款规定的方式使用孤儿作品产生的收益可专门用于支付数字化及向公众提供孤儿作品的相关费用。

（6）为判断作品是否为孤儿作品，第（1）款和第（2）款规定的主体应确保根据第 27b 条的规定进行充分检索，并应保留其实施情况的记录。

（7）如果孤儿作品有标注作者姓名，第（1）款和第（2）款规定的主体每次使用孤儿作品时都必须标明作者的姓名。

（8）第（1）款和第（2）款规定的主体有义务及时以书面形式向文化部提供：

a）确定某作品为孤儿作品的尽责检索的结果；

b）以第（1）款和第（2）款规定的方式使用作品的相关信息；

c）根据第（1）款和第（2）款规定已经使用或正在使用的孤儿作品的状态变化信息；

d）他们的联系方式。

（9）文化部应该无不当延迟地向内部市场协调局转发根据第（8）款的规定收到的结果和信息。❶

（10）根据第 27a 条第（4）款的规定终止作品孤儿状态的作者有权向根据第（1）款和第（2）款使用作品的主体收取报酬。在决定报酬数额时，应考虑使用目的、使用情况以及给作者造成的损失。

---

❶ 2012 年 4 月 19 日，欧洲议会和欧洲理事会委托内部市场协调局（商标和外观设计）执行知识产权的任务，包括以欧洲知识产权侵权观察站的形式联合公共和私营部门的第 386/2012/EU 号条例。

（11）第（10）款规定的获酬权受支付义务人所在国的法律管辖。

第37b　市场上不可获得作品的使用许可证

（1）如果图书馆、档案馆、博物馆、美术馆或负责保存电影、声音或其他文化遗产的机构❶（以下简称"文化遗产机构"）不以直接或间接的经济或商业利益为目的，对其永久收藏的市场上不可获得的作品进行复制，并按照第18条第（2）款第一句规定的方式在其为非商业目的设立或运营的网站上提供访问的，不视为侵犯著作权。但必须尽可能注明作者姓名（若非匿名作品）或以其名义公开作品的人的姓名，以及作品名称和出处。

（2）根据第（1）款使用市场上无法获得的作品，被视为仅在该文化遗产机构所在或所认证的欧盟成员国或欧洲经济区成员国使用。

（3）根据第（1）和第（2）款规定使用作品的文化遗产机构应至少提前6个月，在由欧盟知识产权局根据直接适用的欧盟法规设立并管理的"市场上无法获得作品门户网站"以及该机构官方网站上永久公布以下信息：

a）作品和作者信息；

b）根据第（1）款的使用方式和范围；

c）作者排除根据第（1）款使用其作品的权利。

（4）第（1）至第（3）款的规定仅适用于未根据第97e条第（4）款m）项授予集体管理权的作品及其权利。

（5）第（1）款至第（3）款的规定仅适用于作者未排除对其作品在特定情况或所有情况的使用，即使已经根据第（1）款使用了该作品。

（6）第（1）至第（5）款的规定不适用于市场上无法获得作品的合集，如果根据第27c条的规定经过合理努力后发现，这些合集主要由以下作品组成：

a）在第三国首次出版或播出（若未出版）的非电影或非视听作品；

b）其制作人设立或经常居住在第三国的电影或视听作品；或

c）由第三国国民创作的作品，经过合理努力，仍无法认定其属于欧盟成员国、欧洲经济区成员国或a）项或b）项规定的第三国。

---

❶　经修订的关于图书馆和公共图书馆信息服务运营条件的第257/2001号法令（图书馆法），经修订的关于保护博物馆藏品和其他法律修正案的第122/2000号法令，经修订的关于存档、文件服务和其他法律修正案的第499/2004号法令，经修订的关于视听作品和电影制作的支持和其他法律修正案的第496/2012号法令（视听法）。

第 38 条　展览艺术作品、摄影作品或以类似摄影的方式创作的作品的原件或复制件

美术作品、摄影作品或以类似摄影的方法创作的作品的原件或复制件的所有权人，或从所有权人处借得该作品原件或复制件的个人，自行展览或向免费展览会提供该作品的，不构成著作权侵权，除非转让该作品原件或者复制件所有权时作者保留了这一使用，且所有权人或借用人知道或应当知道这一保留，尤其是当集体管理组织在为此目的设置的登记簿上记录了此项限制。

第 38a 条　临时复制许可

（1）仅是为了以下目的短暂、附带地临时复制作品，以作为技术过程中不可缺少的必要部分，不产生独立的经济利益的，不构成著作权侵权：

a）通过计算机或其他类似网络，在第三方间通过中间商传播作品；或

b）对作品的授权使用。

（2）如果作者通过合同授权广播其作品，广播电台或电视台为播出该作品，通过自身方式临时录制该作品的，不影响作者的著作权。

第 38b 条　肖像摄影许可

复制自己的肖像摄影作品，且该肖像摄影作品是付费后委托创作的，不构成著作权侵权；未被禁止的情况下，被拍摄者也可以为非商业利益使用该作品的复制件。

第 38c 条　作品的附带使用

以使用其他作品或内容为主要目的，附带使用了特定作品的，不构成著作权侵权。

第 38d 条　实用艺术品和建筑作品的许可

任何主体的以下行为不构成著作权侵权：

a）出租、出借或展览实用艺术作品实用形式的原件或复制件，或通过建筑物表现的建筑作品；

b）为已完工建筑物的维护工作或改动，仅在严格必要的范围内，使用建筑物、图纸或平面图表达的建筑作品，且保留该建筑作品的价值；出于该建

筑作品的重要性及合理请求，改动建筑物的个人应当提前将其目的告知作者，并根据作者的要求向其提供施工文件，包括展示建筑改变以前的状态的图片。

第38e条　卫生设施许可

非为商业目的设立的健康护理机构或社会机构，特别是医院和监狱，录制已首次录制的作品并在与本许可目的相称的程度内向该机构内的人播放该作品的，不构成著作权侵权。本规定不妨碍第25条规定的报酬权。

第38f条　共同家用天线许可

在同一建筑物的空间或功能相关的建筑物群的接收器上，通过共同家用天线接收同步、完整、未更改的广播或电视作品，只限地面或卫星广播，且该接收不为直接或间接的经济或商业利益的，不构成著作权侵权。

第38g条　讽刺和戏仿许可

为讽刺和戏仿目的使用作品的，不构成著作权侵权。

第39条　残疾人许可

（1）以下行为不构成著作权侵权：

a）不为直接或间接的经济或商业利益，仅为残疾人的利益，在残疾人所需的合理范围内复制或让他人复制已出版作品；不为直接或间接的经济或商业利益，据此制作的复制件可由同一主体分发和传播；或

b）不为直接或间接的经济或商业利益，仅为视障或听障人士的需要，通过语音描述视觉要素或补充视觉或文字表达，向其提供视听作品的复制件；不为直接或间接的经济或商业利益，可以复制、分发和传播由此制作的视听作品。

（2）第（1）款仅适用于已出版的视听作品。

（3）电视台在播出节目时，不为直接或间接的经济或商业利益，依照法律规定❶提供音频解说，以向视障人士提供该节目且该服务不收取费用的，不构成著作权侵权。

---

❶　经修订的关于广播和电视作品的运营和其他法律修正案的第231/2001号法令第2条第（1）款b）项。

（4）第37条第（1）款规定的主体为残疾人与其相关的需要，出借已出版作品的原件或复制件，不构成著作权侵权。

（5）本条参照适用第30条第（5）款的规定。

第39a条　为视障者或其他阅读障碍者利益的作品特定使用许可

（1）就本条和第39b条而言，经授权接收者是指：

a）失明或有其他视力障碍的人，导致其无法通过常用手段改善以使用与无障碍人士基本相同的方式阅读；

b）有知觉或阅读障碍的人，且无法使用与无障碍人士基本相同的方式阅读；或

c）由于身体残疾而无法拿着书籍、期刊、报纸或类似文件，或无法操控、聚焦或移动眼睛以达到通常可阅读的程度。

（2）就本条和第39b条而言，无障碍格式的复制件是指根据书籍、专业期刊、报纸或其他文字形式作品的原件或复制件，包括插画和乐谱，在任意载体上以替代的设计或格式制作的复制件，使第（1）款规定的经授权接收者能够以与非残疾或非障碍人士相同或基本相同的方式阅读或以其他方式感知该作品。

（3）就本条和第39b条而言，有权提供者是指非为直接或间接的经济或商业利益，作为其主要活动或其公共利益目的之一，向经授权接收者提供教育、教学培训、适应性阅读或信息途径的人。

（4）以下行为不构成著作权侵权：

a）经授权接收者或为其利益的行为人仅为经授权接收者的需要，制作无障碍格式的复制件；

b）在捷克境内居住或设立的有权提供者，不为直接或间接经济或商业利益制作无障碍格式的复制件，并且仅为受益人的利益，向经授权接收者或其他在捷克居住或设立的有权提供者分发、出借或传播该复制件；

c）在捷克境内居住或设立的有权提供者，不为直接或间接的经济或商业利益制作无障碍格式的复制件，并且仅为受益人的利益，向经授权接收者或在另一欧盟成员国或直接适用的欧盟立法❶规定的另一国家居住或设立提供者

---

❶　2017年9月13日，欧洲议会和欧洲理事会关于为盲人、视力障碍者或其他阅读障碍者的利益，某些作品和其他受著作权与邻接权保护的客体的格式化复制件在欧盟和第三国之间跨境交换的第2017/1563/EU号条例。

分发、出借或传播该复制件；或

d）在捷克境内居住或设立的经授权接收者或有权提供者，不为直接或间接的经济或商业利益，进口、接收或以其他方式获得由在另一欧盟成员国或可直接适用的欧盟立法❶规定的另一国家居住或设立的有权提供者向经授权接收者或合格提供者分发或传播的可获取格式的复制件。

第39b条　有权提供者的义务

（1）在捷克境内拥有住所或注册办公室的有权提供者，根据第39a条第（4）款c）项或d）项行使法定许可的，有义务：

a）仅向经授权接收者或其他有权提供者分发、出借或传播无障碍格式的复制件；

b）采取措施防止未经授权复制、分发、出借或向公众传播无障碍格式的复制件；

c）妥善保管作品及其无障碍格式复制件，并记录相关事项；和

d）在其网站上公布并持续更新其遵守a）项至c）项义务的情况，同时以其他适当的方式将其提供给经授权接收者。

（2）在捷克境内拥有住所或注册办公室的有权提供者，根据第39a条c）项或d）项行使法定许可的，应根据要求，向经授权接收者、其他提供者或作者，以合适的方式提供：

a）具有无障碍格式复制件的作品清单，包括对无障碍格式的说明；和

b）与其合作交换和提供无障碍格式复制件的有权提供者的名称和联系方式。

第39c条　为自动分析文本或数据而复制作品的许可

（1）任何人为自动分析数字形式的文本或数据而复制作品，以获取信息，包括模式、趋势和相关性等，不视为著作权侵权；他有权保留为此目的制作的作品复制件，但仅限于对文本或数据进行自动分析所需的期限。

（2）第（1）款的规定不适用于那些作者以适当方式明确保留其使用权的作品的复制件，特别是那些根据第18条第（2）款以机器可读方式提供的

---

❶　2017年9月13日，欧洲议会和欧洲理事会关于为盲人、视力障碍者或其他阅读障碍者的利益，某些作品和其他受著作权与邻接权保护的客体的格式化复制件在欧盟和第三国之间跨境交换的第2017/1563/EU号条例。

作品。

（3）第（1）款和第（2）款的规定不妨碍第39d条的规定。

第39d条 为科学研究在自动分析文本或数据时复制作品的许可

以下情况下不视为侵犯著作权：

a）开展科学研究活动的高等院校或以由科学研究或包含科学研究的教育活动为主要目的的法律实体为公共目的开展的研究，且该研究是为非营利目的或所获利润都将被重新投入该机构的科研活动，同时其研究成果不会优先向对该机构具有决定性影响的主体公布；或

b）文化遗产机构为科学研究目的，以数字化的方式复制作品以进行自动化文本或数据分析，旨在获取诸如包括模式、趋势和相关性的信息。此类复制件可为科学研究目的（包括验证研究结果）保存，但应以适当的安全级别储存。

第5章 著作权保护

第40条

（1）权利受到不合理侵犯或权利面临不合理侵犯的，作者可以具体主张：

a）承认其作者身份。

b）禁止损害其权利，包括即将发生的重复侵权或未经授权的干扰，尤其是禁止未经授权生产、销售、进口或出口作品的原件、复制件或仿制件，以及未经授权向公众传播或宣传其作品或未经授权的促销行为，包括广告和其他形式的宣传活动。

c）披露未经授权使用其作品的方式和范围，未经授权复制或模仿其作品的来源，未经授权使用的方式和范围、价格，与作品未经授权使用相关的服务的价格，未经授权使用的主体身份，包括为向第三方提供此类物品而要求这种复制或模仿的个人，以及确定根据第24条、第25条收取报酬数额所需的信息；本款规定的知情权可用于向侵犯或危及作者权利的人索赔，也能诉请以下人员提供信息：

1. 为直接或间接的经济或商业利益，持有作品的非法复制件或仿制件的人；

2. 为直接或间接的经济或商业利益，使用侵犯或危及作者权利的服务

的人；

3. 为直接或间接的经济或商业利益，提供侵犯或危及作者权利的服务的人；

4. 被第 1 点、第 2 点、第 3 点所指的个体指认为参与获取、生产或分发作品复制件或仿制件的人，或被指认参与提供侵犯或危及作者权利的服务的人；或

5. 根据第 24 条第（6）款或第 25 条第（2）款承担责任的人。

d）消除违法后果，包括但不限于以下形式：

1. 从商业渠道或其他使用中召回非法制造的作品复制件或仿制件，或第 43 条第（2）款规定的设备、产品、组件；

2. 从商业渠道或任何其他使用中召回并销毁非法制造的作品复制件或仿制件，或第 43 条第（2）款规定的设备、产品、组件；

3. 销毁非法制造的作品复制件或仿制件，或第 43 条第（2）款规定的设备、产品、组件；

4. 销毁或移除仅用于或主要用于非法制造作品复制件或仿制件或第 43 条第（2）款规定的设备、产品、组件的材料和工具。

e）对非经济损失的充分赔偿，包括但不限于以下形式：

1. 道歉；

2. 如果其他赔偿无法弥补，则适用金钱赔偿；金钱赔偿的数额应当由法院确定，具体而言，法院应当考虑侵权导致的损害程度，侵权行为实施的情况；本规定不应当排除设定双方义务的合同。

f）禁止第三方提供用于侵犯或危及作者权利的服务。

（2）第（1）款 d）项规定的救济方式应当与侵权行为的严重性相当，且应当符合第三方的利益，尤其是消费者和善意的行为人。

（3）法庭在其判决中可以授予主张获得支持的作者公告裁决结果的权利，并由败诉方承担费用，法院还可以根据情况决定这种公布的范围、形式和方式。

（4）根据特别法主张损害和不当得利的主张不受影响；作者可以要求赔偿实际损失的利润，而不是在未经授权使用作品时为获得相应的许可通常将支付的报酬。未经授权使用作品的，不当得利的金额应为在使用作品时通常被收取的报酬的 2 倍。

第41条

作者授权他人独占行使作品的权利，或其他主体依法行使作品财产权的，当该权利被侵犯或危及时，根据第40条第（1）款b）项至d）项、f）项，第40条第（3）款和第（4）款提起诉讼的权利应仅由根据合同或法律获得独占许可权的主体行使。就非物质损害而言，该主体只能就因侵害著作财产权造成的损害索取适当赔偿。作者就侵害其著作权而造成的非物质损害索赔的权利，以及根据第40条第（3）款的规定提起诉讼的权利不受影响。

第42条

（1）作者可要求海关提供下列特定商品的进口和接收信息：

a）作品的复制件，或作品的录音、录像制品或其他录制品；

b）作品的复制载体（空白录制载体）；

c）制作录音、录像制品或其他录制品，或印刷复制件的设备；或

d）第43条第（2）款规定的设备、产品或配件；

为了查明在捷克境内为使用而进口此类商品是否符合本法的规定，在其所需的范围内，作者有权查看海关文件，或获取行使本法规定的权利所需的信息。

（2）商品的出口应参照适用第（1）款的规定。

（3）相关的集体管理组织、被授权保护作者利益的法律实体、法律授权行使作品财产权的主体（第58条）或根据合同享有独占许可的主体，也有权请求获得第（1）款和第（2）款规定的信息。

（4）提供此类信息违反税法规定的保密义务。

第42a条 已废止

第43条

（1）规避或以其他方式阻碍为保护本法权利而设置的有效技术措施，构成著作权侵权。

（2）为商业目的，制作、进口、接收、分发、销售、出租、推销、租赁，或持有以下设备、产品或组件，或提供以下服务的，构成著作权侵权：

a）为规避有效技术措施而提供、推销或推广市场的；

b）除了规避有效技术措施，仅具有有限的商业意义或其他用途的；或

c）主要为规避或协助规避有效技术措施而设计、生产、改进或实施的。

（3）本法规定的有效技术措施是指在正常运行过程中，旨在阻止或限制未经作者授权的作品使用行为的技术、设施或组件，作者能够通过采用访问限制或安全程序（例如加密、干扰或其他作品改动形式）或复制管理机制来管控受保护作品的使用。

（4）上述第（1）款规定的法律保护措施不应妨碍他人在其所需范围内行使第30a条、第31条第（1）款b）项、第34条a）项、第38a条第（2）款、第38e条、第39条和第39a条第（4）款规定的例外。使用第（3）款规定的技术措施的作者，有义务在为实现作品的特定使用目的所必需的范围内，将其作品提供给经授权的用户。作者根据第30条提供其作品，使他人为个人使用目的录制其作品时，可以使用第（3）款规定的技术措施限制此类复制件的数量。

（5）第（4）款的规定不适用于作者根据第18条第（2）款规定自行提供或经作者同意向公众提供的作品。

（6）第（1）款的规定不妨碍根据第31a条、第37条第（1）款a）项和b）项、第39d条使用著作权例外所必需的行为。根据第（3）款使用技术措施的作者，有必要在实现上述作品使用例外所必需的范围内向授权用户提供其作品。

（7）作者为履行第（4）款和第（6）款规定的义务而自愿或根据协议使用的技术手段，应受到第（1）款至第（3）款规定的保护。

第44条

（1）未经作者同意，通过以下方式，诱使、允许、帮助或隐瞒著作权侵权行为的，同样构成著作权侵权：

a）删除或更改电子权利管理信息；或

b）发行、进口、为发行目的接收、向公众广播或传播或以第18条第（2）款规定的方式传播权利管理信息被非法移除或更改的作品。

（2）第（1）款规定的权利管理信息是指由作者指定的，用于识别作品、作者或其他权利人的信息，或关于作品使用方式和条件的信息，以及任何代表上述信息的数字或编码，包括作品复制件附带的信息，或作品向公众传播时附带的信息。

第 45 条

将其他作者合法使用的标题或外在形式用于其同类作品中，可能造成两件作品混淆的，也构成著作权侵权，除非这种使用是由作品的性质或名称所决定的。

第6章　在线内容分享服务提供商的作品使用

第 46 条

（1）在本法中，在线内容分享服务提供商是指信息社会服务提供商❶，其主要目的或主要目的之一是大量存储和向公众传输用户上传的作品，并与面对相同目标受众的其他在线服务之间存在竞争或潜在的竞争。该服务提供商为获取利润对这些作品进行排列和推广。

（2）以下服务提供商不被视为在线内容分享服务提供商❷：非营利在线百科全书、非营利教育和科学存储平台、开源软件开发和共享平台、电子通信服务❸、在线市场、企业间云服务，以及允许用户上传内容以供个人使用的云服务。

第 47 条

（1）在线内容分享服务提供商不对未经授权进行的第18条第（2）款规定的向公众传播作品行为负责，如果：

a）已尽最大努力获得行使该权利的授权，

b）根据行业高标准的专业实践，就作者提供了相关必要信息的作品，尽了最大努力阻止其上传；以及

c）在收到作者有充分理由的通知后，立即阻止对作品的访问或将其从网站上删除，并根据b）项尽最大努力防止其重新上传。

（2）在确定在线内容分享服务提供商是否履行了第（1）款规定的义务时，应根据比例原则考虑以下因素：

a）服务的种类和范围、其目标受众以及用户上传的作品类型；以及

b）履行第（1）款义务的适当和有效手段的可用性及其成本。

---

❶❷　经修订的关于某些信息社会服务和其他法律修正案的第480/2004号法令（信息社会服务法）。

❸　经修订的关于电子通信和其他法律修正案的第127/2005号法令（电子通信法）。

（3）在使用自动内容识别工具时，仅在以下情况下可根据第（1）款 b）项防止作品上传及根据第（1）款 c）项防止作品重新上传：在线内容分享服务提供商评估上传的内容与作者根据第（1）款 b）项或 c）项确定的作品相同或等同。相同的内容是指没有额外元素或附加价值的相同内容。等同的内容是指与作者确定的作品相比仅有不重要改动的内容，不需要作者提供其他数据或对修改后使用作品的合法性进行单独评估。

（4）在线内容分享服务提供商没有监督用户上传内容的普遍义务。

（5）在线内容分享服务提供商不能根据信息社会服务法❶辩称其仅对用户上传的内容提供存储服务从而限制其责任。

第 48 条

（1）在捷克或其他欧盟成员国、欧洲经济区成员国境内市场上存在时间少于 3 年的在线内容分享服务提供商，其年营业额根据欧盟委员会关于微型、小型和中型企业❷定义的建议计算少于 1000 万欧元，不对未经授权进行的第 18 条第（2）款规定的向公众传播作品行为负责，如果：

a）已尽最大努力获得行使该权利的授权；第 47 条第（2）款规定也同样适用；且

b）在收到作者有充分理由的通知后，立即阻止对作品的访问或将其从网站上删除。

（2）适用第（1）款的在线内容分享服务提供商，其上一日历年的月平均独立访客人数超过 500 万人次的，如果已尽最大努力防止作者已提供相关和必要信息的作品重新上传，不对未经授权进行的第 18 条第（2）款规定的向公众传播作品行为负责。第 47 条第（2）款规定也同样适用。

（3）第 47 条第（3）款的规定同样适用于第（1）和第（2）款的在线内容分享服务提供商。

第 49 条

履行第 47 条第（1）款和第 48 条第（1）款、第（2）款规定的义务时，在线内容分享服务提供商与权利持有人之间的合作不得导致用户根据本法通

---

❶ 经修订的关于某些信息社会服务和其他法律修正案的第 480/2004 号法令（信息社会服务法）。

❷ 2003 年 5 月 6 日欧盟委员会关于微型、小型和中型企业定义的建议（官方公报 L 124，2003 年 5 月 20 日，第 36 页）。

过在线内容分享服务提供商的服务访问的作品的可用性受到限制。

第 50 条

（1）在线内容分享服务提供商有以下义务：

a）根据作者的请求，提供关于第 47 条和第 48 条实施情况的合理信息；如果在线内容分享服务提供商已经被授权进行第 18 条第（2）款规定向公众传播作品，则必须根据作者的请求提供适用此授权作品的使用信息；

b）通过其商业条款向其服务用户通知在本法律框架下使用作品的可能性。

（2）在线内容分享服务提供商必须向已根据合同获得作品独占使用权或根据法律授权行使该使用权的人（而不是作者）提供第（1）款 a）项的信息。

第 51 条

（1）在线内容分享服务提供商有责任建立有效和快速的投诉处理和补救机制，供其服务用户在就禁止访问其上传作品或删除其上传作品有争议时使用。提交和处理投诉应对用户免费。

（2）根据第（1）款处理投诉时，作者坚持要求禁止访问其作品或删除其作品的，必须说明理由。

（3）根据第（1）款处理投诉时，关于禁止访问上传作品或删除上传作品的评估，不能只是自动化的。

第 51a 条

如果在线内容分享服务提供商，根据第 47 条第（1）款 b）项和 c）项的规定，反复且违法阻止作品上传、限制作品访问或删除作品，违反了第 49 条的规定，有资格维护竞争者或客户利益的法律实体可以针对该服务提供商申请禁令，要求其停止提供服务。第一句的诉讼程序适用民事诉讼法第 83 条第（2）款和第 159a 条第（2）款的规定。

第 52 条

如果作者授权在线内容分享服务提供商行使第 18 条第（1）款或第（2）款的权利，则此授权同样适用于该服务的用户，前提是该用户不在其业务或独立职业活动范围内执行此类行为，或者此类行为不产生重大收入。

第7章　争议解决程序

第53条　调解和调解员选择

根据本法，调解程序适用于促成第18条第（2）款规定的许可使用视听作品的许可协议，因第47条第（1）款 b）项和 c）项、第48条第（1）款 b）项及第49条产生的争议，作者要求公平合理的额外报酬的争议，许可人或分许可人向作者定期提供有关作品使用的实时、相关和完整信息的争议❶，以及第101条规定的情形。权利持有人、第95条第（4）款规定的用户或其协会，以及第95a条第（1）款规定的集体管理组织可以使用调解服务。有意使用调解服务的人可以从由文化部管理的调解员名单中选择一个或多个调解员。

第54条　调解员名单

（1）根据第56条第（1）款，文化部维持一份调解员名单，包括调解员的姓名和联系信息。调解员名单是公共行政信息系统的一部分，并已在文化部的网站上公布。

（2）文化部授予调解员活动执行权的自然人必须：

a）具有完全民事行为能力；

b）品行良好；以及

c）具备专业能力。

第54a条　无犯罪记录

（1）根据第54条第（2）款 b）项的规定，凡因故意犯罪被最终判决定罪的人，除非被视为未曾定罪，否则不被视为品行良好。

（2）证明品行良好应参照适用第96b条的规定。

第54b条　专业能力

（1）根据第54条第（2）款 c）项，具备专业能力的人必须：

---

❶ 民法典第2374条第（2）款、第（3）款，第2374a条。

a）取得硕士学位的高等教育学历；以及

b）成功通过调解员考试。

（2）调解员考试应考察履行调解员职能所需的著作权知识以及有关非诉讼争议解决基本知识和技能。考试为口头形式，考试时间不得超过 2 小时。由文化部部长指定的委员会组织考试。委员会至少由 3 名成员组成，其主席为文化部任职的公务员。在所有成员出席的情况下，委员会根据成员的多数意见作出决定。考试结果为"通过"或"未通过"。由委员会记录考试结果。在未通过考试的情况下，申请人可在首次考试后的 1 年内重新申请考试。

第 55 条　客座调解员

（1）在捷克，客座调解员可以由其他欧盟成员国或欧洲经济区成员国的公民临时或偶尔地担任，根据其申请，其将被捷克文化部登记为客座调解员。申请应类比第 56 条第（1）款的规定提交。申请人应附上一份证明文件的复制件，证明其有权按照其他欧盟成员国或欧洲经济区成员国的法律法规从事与调解员职责相当的活动。在满足这些条件后，文化部会立即将该调解员的名字列入调解员名单；但不得将无行为能力或不具备良好品行的人列入名单。

（2）客座调解员在捷克境内执行的活动受捷克法律法规的约束。自客座调解员被列入调解员名单之日起，其有权根据本法主持调解活动。

第 56 条　纳入调解员名单，变更注册信息及从调解员名单中删除

（1）在申请获得客座调解员资格时，申请人除了根据行政法规的一般提交要求提交资料外，还应提供其数据邮箱的标识符或在捷克境内的通信地址、电子邮箱地址。

（2）文化部应将根据第 54 条第（2）款取得资格的个人列入调解员名单。文化部将在授予决定生效之日起进行登记。

（3）调解员应在第（1）款规定的信息变更后尽快通知文化部。文化部将变更信息记录在调解员名单中。

（4）文化部应将已故或已被宣告死亡或失踪的调解员从调解员名单中删除。

（5）如果调解员或客座调解员出现以下情况，文化部可以取消其执行调解活动的资格并将其从调解员（或客座调解员）名单中删除：

a）调解员法律行为能力受到限制；

b）调解员不再符合品行良好的条件；

c）调解员或客座调解员要求取消其调解员资格；

d）调解员严重违反本法规定的调解员义务，并在过去 2 年内经文化部书面警告后仍然重复违反。

（6）如果客座调解员不再有资格执行与其根据其他欧盟成员国或欧洲经济区成员国法律法规相符的调解活动，则文化部将从调解员名单中删除该客座调解员。

（7）调解员或客座调解员应自其知晓之日起 15 天内，书面通知文化部将导致其丧失调解员资格或从调解员名单中被删除的事实。

第 57 条　使用调解程序

（1）根据第 53 条规定，任何利害关系人均可以书面形式向调解员或客座调解员提出调解需求。在申请书中，申请人应说明谈判的现状，附上建议书，并说明其他利害关系人的立场。如果调解员或客座调解员与有关事项利害关系人或其代表的关系可能影响调解的公正性，则该调解员或客座调解员有义务拒绝调解。

（2）如果调解的有利害关系人不同意调解员或客座调解员的人选，文化部应根据利害关系人的要求指定一名调解员或客座调解员。

（3）调解员或者客座调解员拟定的协议草案提交后 3 个月内，利害关系人均未对协议草案提出异议的，视为已接受。

（4）如果调解的利害关系人与调解员或客座调解员在其酬金数额上未能达成一致意见，则调解员或客座调解员有权获得上一个财政年度第一季度至第三季度国家经济的平均工资数额作为酬金，该平均工资数额根据就业法规定进行公布。

（5）调解应参照适用调解法❶第 4 条第 2 款，第 5 条第 2 款，第 6 条至第 9 条，第 10 条第 1 款、第 2 款和第 4 款以及第 12 条的规定。

第 8 章　特定作品的特殊规定

第 58 条　职务作品

（1）除非另有约定，作者为履行基于雇佣或服务关系产生的工作任务而

---

❶　经修订的关于调解和其他法律修正案的第 202/2012 号法令（调解法）。

创作的作品是职务作品，雇主以自身名义享有该作品的财产权并承担责任。雇主授权第三方行使第一句规定的著作权的，须经过作者同意，但出售业务的除外。作者的许可不可撤销且可用于进一步转让。就本法而言，获得转让的第三方被视为雇主。

（2）对职务作品享有财产权的雇主终止或解散，又没有权利继受者的，由作者获得其职务作品权利。

（3）雇主未行使或未充分行使职务作品著作权的，作者在通常情况下可请求雇主授予其许可，但雇主有重要原因拒绝该许可的除外。

（4）作者对职务作品享有的人身权不可侵犯。除非另有规定，雇主对职务作品行使财产权的，视为作者同意作品的发表、修改、改编（包括翻译）、与其他作品结合、汇编、集录，以及以雇主名义向公众展示作品。

（5）除非另有约定，雇佣协议在作品完成前到期，或者雇员有正当理由无法及时、适当地按照雇主要求完成作品的，视为作者同意雇主完成其未完成职务作品。

（6）除非另有约定，职务作品的作者获得的薪水或报酬与作品产生的收益、作品对实现受益的重要性明显不符的，作者有权向雇主主张公平的补偿；该款不适用于第（7）款的职务作品，不论是事实上的或拟制的，但双方另有约定的除外。

（7）作者根据委托指令创作的计算机程序和数据库以及非集体作品的地图作品，应视为职务作品；委托人视为雇主。但这类作品不适用第61条的规定。

（8）第（1）款至第（6）款所规定的权利和义务不受第（1）款或第（7）款所规定的法律关系终止的影响。

（9）在劳务派遣的情况下❶，为本条目的，雇主是员工暂时在其工作场所根据劳动合同或工作协议履行工作职责的用工公司，而不是劳务派遣公司，但用工公司和劳务派遣公司另有约定的除外。

（10）作者是法律实体的法定机构成员，或其他选举或任命机构的成员，因其与法律实体间的法律关系，为履行义务而创作的作品，应参照适用第（1）款至第（6）款以及第（8）款的规定；在此种情况下，法律实体被认为是雇主。第61条的规定不适用于本款所规定的情形。

---

❶ 劳动法。

第 59 条　集体作品

（1）集体作品是在一个自然人或法律实体的发起和指令下，由一个以上的作者共同创作，并以该自然人或法律实体名义发表的作品，该自然人或法律实体在该作品中作出的贡献无法单独利用。

（2）如果作品是根据客户的订单创作且符合第 58 条规定的，该作品应视为职务作品；在这种情况下，客户视为雇主。该种作品不适用第 61 条的规定。

（3）视听作品或以视听方式使用的作品不是集体作品。

第 60 条　学校作品

（1）学校或相关教育机构在通常情况下有权缔结利用学校作品的许可协议［第 35 条第（3）款］。作者无正当理由拒绝授予许可的，机构可以作者未证明其目的为由在法庭上主张补偿。本条不影响第 35 条第（3）款的效力。

（2）除非另有约定，学校作品的作者可以使用或许可他人使用其作品，但损害该学校或教育机构合法利益的除外。

（3）作者通过使用学校作品或根据第（2）款授予许可获得收益的，学校或相关教育机构有权要求作者从该收益中拿出合理部分用于补偿作品的创作成本。根据情况，补偿金额最高可达到作品创作的全部成本。补偿的金额应当根据学校或相关教育机构按照第（1）款利用作品所获得的收益决定。

第 61 条　委托作品和竞赛作品

（1）作者根据委托合同创作（委托作品）的，视为作者为了合同目的而授予许可，但另有约定的除外。除非本法另有规定，委托人在合同目的之外使用作品的，必须以合同为依据。

（2）除非另有约定，作者可以自行使用或许可第三方使用其创作的委托作品，只要该使用不损害委托人的合法利益。

（3）作者在公共竞赛中创作作品（竞赛作品）的，参照适用第（1）款和第（2）款的规定。

◆ **视听作品**

第 62 条　一般条款

（1）视听作品是指将视听资料（无论是否经过处理）组合而成的作品，由一系列录制的、相互关联的图像组成，呈现运动的效果，不论是有伴音的或无伴音的；这些图像可通过视觉感知；如果伴随声音，则可通过听觉感知。

（2）只有在获得作者许可的情况下，才可以处理作品，并将其纳入视听作品中。

第 63 条　视听作品的作者

（1）视听作品的作者是该作品的导演。但这不影响以视听方式使用的作品的著作权。

（2）对视听作品及其权利的声明，包括有关作品利用的声明，在根据国际公约建立的视听作品登记簿完成登记的，应当视为有效，但有相反证据的除外；本规定不适用于根据本法被认定为无效的声明，或与登记簿上其他声明相冲突的声明。

（3）作者书面许可制作者首次将视听作品固定在载体上的，除非另有约定，其应当被理解为：

a）授予制作者使用原版、配音版、字幕版的作品以及与首次固定相关的照片的无限制独占许可，包括全部或者部分授权给第三方使用；且

b）同意制作者有权根据第 49 条第（2）款 a）项获得适当报酬。

（4）除非另有约定，视听作品的作者和首次固定视听作品的制作者间的关系不适用民法典中关于解除合同的规定❶，参照适用第 58 条第（4）款和第（5）款的规定。

第 64 条　以视听方式使用的作品

（1）以视听方式使用的作品是指包含在视听作品中的任何作品。

（2）作者书面许可他人将以视听方式使用的作品（音乐作品除外）纳入视听作品并首次固定的，除非另有约定，其应当被理解为：

---

❶ 民法典第 2382 条。

a）作者许可制作者不加修改的首次固定该作品，或改编或进行其他修改后首次固定该作品，包括给该作品加上配音和字幕；

b）作者授予制作者使用视听作品时使用该作品与在首次固定时产生的照片的无限制独占许可，包括全部或部分授权给第三方使用；

c）作者同意按照与签约时同类型作品类似的许可合同的惯常费用收取报酬。

（3）除非另有约定，根据第（2）款授予的许可自许可之日起10年后，作者可根据第（2）款的规定许可他人或自行将以视听方式使用的作品纳入另一视听作品。

（4）参照适用第63条第（4）款的规定。

◆ **计算机程序**

第65条　一般条款

（1）除非本法另有规定，计算机程序，无论其表现形式如何，包含预先的设计资料，均应作为文学作品受到保护。

（2）计算机程序的任何组成（包括界面）中蕴含的思想和原理，不受本法保护。

第66条　对计算机程序著作权的限制

（1）经授权使用者的以下行为，不构成计算机软件的著作权侵权：

a）在安装、运行计算机程序或者更正程序错误时，为了使用其合法获得的计算机程序而复制、翻译、处理、修改或以其他方式改变计算机程序；

b）除非另有约定，为了按照软件的既定使用目的使用其合法获得的计算机程序而复制、翻译、处理、修改或以其他方式改变计算机程序；

c）为使用需要，制作计算机程序的备用复制件；

d）经授权的使用者在程序加载、储存、展示、运行或传输过程中，为识别计算机程序任何组成所蕴含的思想或原理，自行或授权他人检查、研究或测试计算机程序的功能；

e）经授权的使用者在复制、翻译、改编、调整或以其他方式改变程序的过程中，为获取使该程序与其他程序交互操作所需的信息，且使用者无法通过其他方式简易、迅速地获得该信息，在必要范围内自行或授权他人复制或

翻译程序的代码。

（2）为将程序加载、存储到计算机内存中以及为程序的展示、运行和传输而进行复制，均视为本法所指的复制计算机程序的行为。

（3）出租或出借计算机程序的复制件，该程序本身并非出租或出借的主要标的的，不视为本法意义上的出租或出借行为。

（4）从第（1）款 e）项规定的行为中获得的信息不应泄露给任何第三方，除非是为了实现该计算机程序与其他程序交互操作，不得用于与实现交互操作无关的其他目的。此外，该信息不得用于改进、制造、营销与该计算机程序实质性相似的程序，或者其他可能侵犯著作权的行为。

（5）根据第（1）款规定限制计算机程序著作权的，适用第 29 条第（1）款的规定。

（6）计算机程序复制件的合法使用人是指为了使用而非传播的目的，对该复制件享有所有权或其他任何权利的合法获得者；合法的被许可人或其他经授权使用者也是计算机软件复制件的合法使用人。该使用人可以在第（1）款规定的范围内（最小范围）使用其合法获得的计算机程序复制件，但合同约定更大使用范围的除外；该最小范围不得被合同限缩，但在第（1）款 b）项规定下进行授权的除外。

（7）本法第 30a 条至第 31 条，第 32 条，第 33 条，第 34 条 b）项至 d）项，第 35 条，第 36 条，第 37 条第（2）款至第（5）款，第 37a 条至第 38 条，第 38a 条第（1）款 b）项，第 38a 条第（2）款，第 38b 条至第 39 条，第 39d 条，第 43 条第（1）款、第（4）款、第（5）款、第（7）款以及民法典中关于提供许可获得适当和公平额外报酬的权利、获得作品使用信息权，因收购方不作为而退出合同或限制许可的权利以及因作者信仰改变而退出合同的规定，❶ 不适用于计算机程序。

（8）对第 43 条规定的技术措施的法律保护，在使用该限制的必要范围内，不影响本条第（1）款 d）项和 e）项的效力。作者根据第 43 条第（3）款对其作品采取技术措施的，应当使合法使用人可以在本条第（1）款规定的使用范围获得该计算机程序，并应当在受技术措施保护的计算机程序上标明作者的姓名、地址，使合法使用人可以为该目的联系作者。

---

❶ 民法典第 2374 条第（2）款、第（3）款，第 2374a 条，第 2378 条，第 2379 条和第 2382 条。

第2编 与著作权相关的权利

第1章 表演者对其艺术表演的权利

第67条 艺术表演及其表演者

（1）艺术表演是指演员、歌手、音乐家、舞蹈家、指挥、合唱指挥导演或其他任何人，以扮演、演唱、朗诵、展示或以其他方式完成的艺术作品和传统民俗文化作品的表演。艺术家不表演艺术作品的情况下进行的表演也应被视为艺术表演。

（2）表演者是创造艺术表演的自然人。

第68条 表演者的共同代表

（1）同一作品的表演由多个表演者（例如交响乐队、合唱团、舞蹈团或其他艺术团体）共同完成的，表演者们可以委托其艺术团体中的艺术总监作为共同代表，以他们的名义并为他们的利益，代为行使其对表演的权利。如果艺术团体的大多数成员指定另一个人为共同代表，则其艺术总监不是该艺术团体的共同代表；授权需采取书面形式并经艺术团体的大多数成员签名才能生效。

（2）第（1）款对共同代表的规定不适用于以下表演者：单独表演者、戏剧表演的指挥和导演；但本款不影响这些人担任表演者的共同代表。

第69条 表演者权的内容

表演者的权利包括专有的人身权（第70条）和财产权（第71条）。

第70条 表演者的人身权

（1）表演者享有决定将艺术表演公之于众的权利。

（2）单独表演的独立表演者，与艺术团体的其他成员共同创作表演的乐队指挥、合唱团指挥、戏剧导演和独立表演者有权决定在发表和后续使用中是否表明以及以何种方式表明其身份。表演者作为艺术团体的成员，仅对其参与的表演的联合署名（联合假名）享有前一句规定的权利；但这不影响任何符合前一句规定的署名权协议的效力。

（3）但在使用方式不允许的情况下，表演者不享有第（2）款所规定的

权利。

（4）如果可能影响其声誉，表演者有权保护其表演不受丑化、歪曲或篡改；根据第 68 条第（1）款的规定，表演者应合理地考虑彼此的利益。

第 71 条　表演者的财产权

（1）表演者有权对其艺术表演的原始版、改编版或由他人以任何方式修改后的版本进行利用，也有权通过协议许可他人行使该权利；未经许可的，他人只能在本法规定的情况下使用艺术表演。

（2）使用艺术表演的权利应当包含以下内容：

a）以广播或其他形式向公众传播现场表演的权利；

b）录制现场表演的权利；

c）复制录制的表演的权利；

d）发行其表演的录制品的复制件的权利；

e）出租其表演的录制品的复制件的权利；

f）出借其表演的录制品的复制件的权利；

g）向公众传播录制的表演的权利。

（3）为个人目的使用表演的录制品的复制件的，表演者有权获得报酬，参照适用第 25 条的规定。

（4）表演者授予录音制品制作者无限制使用其录制的表演的独占许可，并获得一次性报酬的，有权每年获得补充报酬。自录音制品合法出版（若未出版，则自合法向公众传播）之日起 50 年届满后的次年起，表演者有权每年获得这项报酬。表演者不得免除这项年度补充报酬。

第 72 条　法定许可

（1）通过广播、电视广播或者转播使用为商业目的录制为录音制品的艺术表演，不侵犯表演者权；但表演者有权从中获得报酬。表演者只能通过相关的集体管理组织行使该权利。

（2）本规定所指的为商业目的录制的录音制品是指通过销售发行或根据第 18 条第（2）款向公众合法传播的录音制品。

（3）但根据第（1）款使用录音制品前，未与相关的集体管理组织达成协议确定该使用的报酬及支付方式的，构成侵犯表演者的权利。

（4）除非另有约定，根据第（3）款规定与集体管理组织达成协议的使用者未按照合同约定，拖欠报酬且在集体管理组织提供的 30 天额外宽限期内未支付报酬的，在支付报酬或该支付义务因其他原因终止前，无权根据第（1）款的规定使用。

第 72a 条　从停止经营的制作者撤回授权

（1）自表演的录音制品合法出版（若未出版），则自合法向公众传播之日起 50 年后，录音制作者不再提供足够数量的该录音制品的实体复制件以供销售，或不再根据第 18 条第（2）款的规定向公众提供该录音制品的，自前述期限届满后的次年的 1 月 1 日起，表演者可以书面形式通知录音制品制作者，撤回无限制使用其录制的表演的独占许可。只有在制作者自收到撤回通知之日起 1 年内未以上述方式使用录制品时，表演者方可执行该撤回。表演者不能放弃这项权利。

（2）如果录音制品录制了多个表演者的表演，这些表演者可以根据第（1）款撤回授权。第 68 条适用于多个表演者根据第（1）款撤回授权的情况。

第 72b 条　平衡合同义务的措施

如果表演者已授予录音制品制作者无限制使用其录制的表演的独占许可，并依合同有权按期获得报酬，自表演的录音制品合法出版（若未出版），则自合法向公众传播之日起 50 年届满后的次年的 1 月 1 日起，制作者不得从向表演者支付的费用中扣除任何预付款或合同约定的其他扣除款。

第 73 条　表演者的财产权保护期

表演者的财产权的期限为自创作表演之日起 50 年。但如果表演在此期间内经授权向公众发表或传播：

a）除了表演的录音制品，表演者的权利自录制品首次发表或向公众传播之日起 50 年后失效，以较早到期为准；或

b）对于表演的录音制品，表演者的权利自录制品首次发表或向公众传播之日起 70 年后失效，以较早到期为准。

第 74 条　对第 1 编规定的适用

表演者及其表演参照适用本法第 2 条第（3）款，第 4 条，第 6 条，第 7 条，第 9 条，第 11 条第（4）款、（5）款，第 12 条第（2）款、第

（3）款，第 13 条至第 16 条，第 18 条至第 23 条，第 25 条，第 25a 条，第 26 条，第 27 条第（8）款，第 27a 条至第 29 条，第 30 条第（1）款、第（2）款、第（5）款和第（6）款，第 30b 条，第 31 条，第 34 条 a）项至 c）项，第 35 条，第 37 条至第 37b 条，第 38a 条，第 38c 条，第 38e 条至第 44 条，第 46 条至第 58 条，第 62 条第（2）款以及第 64 条第（2）款和第（4）款。

第 2 章　录音制作者对其录音制品享有的权利

第 75 条　录音制品及其制作者

（1）录音制品是指能完全通过听觉感知的，记录表演者表演或其他声音或表演及声音表达形式的录制品。

（2）录音制品制作者是指自己承担责任，首次录制表演者的表演或其他声音或表演及声音表达形式的自然人或法律实体，或者指示第三方制作该录制品的自然人或法律实体。

第 76 条　录音制品制作者的权利的内容

（1）录音制品制作者应当享有使用其录音制品的独占性财产权，并有权通过合同许可他人行使该权利；他人在未经许可的情形下，仅能在本法规定的范围内使用该录音制品。

（2）使用录音制品的权利包括：

a）复制录音制品的权利；

b）发行录音制品原件或复制件的权利；

c）出租录音制品原件或复制件的权利；

d）出借录音制品原件或复制件的权利；

e）向公众广播或以其他形式传播录音制品的权利。

（3）录音制品制作者应参照适用第 72 条的规定。

（4）参照适用第 25 条的规定，录音制品制作者有权就为个人使用复制其录音制品的行为收取报酬。

（5）录音制品制作者的权利可以转让。

第 76a 条　录音制作者关于年度补充报酬的义务

（1）自录音制品合法出版（若未出版），则自合法向公众传播之日起 50

年后，录音制品制作者有义务从上一年复制、发行或向公众提供录制品的收入中分出 20% 的收入，以第 18 条第（2）款规定的方式支付第 71 条第（4）款规定的年度补充报酬。前述收入是指录音制品制作者扣除成本前的收入。

（2）根据要求，制作者有义务向有权获得年度补充报酬的表演者和相关集体管理组织提供确保支付该报酬所需的所有信息。

（3）制作人应在次年的 3 月 31 日前向相关集体管理组织支付第（1）款规定的到期报酬，再由集体管理组织向符合条件的个人表演者支付年度补充报酬。

（4）根据第（3）款向集体管理组织支付的报酬，如果在收到 3 年内经合理努力仍无法向表演者支付，则报酬归捷克国家文化基金所有。

第 77 条　录音制品制作者的权利的保护期

录音制品制作者的权利的保护期为自录音制品制作之日起 50 年。若录音制品在此期间内被合法公开的，权利的保护期为自公开之日起 70 年。如果在第一句所述期间内，录音制品未经合法公开，但在此期间内被合法向公众传播的，权利的保护期为自传播之日起 70 年。

第 77a 条

如果表演者根据第 72a 条撤回授权，则录音制品制作者的权利失效。

第 78 条　对第 1 编规定的适用

录音制品制作者及其录音制品应参照适用第 2 条第（3）款，第 4 条，第 6 条，第 9 条第（2）款至第（4）款，第 12 条第（2）款和第（3）款，第 13 条至第 16 条，第 18 条至第 23 条，第 25 条，第 25a 条，第 27 条第（8）款，第 27a 条至第 29 条，第 30 条第（1）款、第（2）款、第（5）款和第（6）款，第 30b 条，第 31 条，第 31a 条，第 34 条 a）项至 c）项，第 35 条，第 37 条至第 37b 条，第 38a 条，第 38c 条至第 44 条，第 46 条至第 57 条以及第 62 条第（2）款。

第3章　录像制品制作者对其首次录制品享有的权利

第 79 条　录像制品及其制作者

（1）录像制品是视听作品或其他有伴音或无伴音的具有动态效果的连续

固定画面的录制品，能被视觉感知，如果有伴音则同时能被听觉感知。

（2）录像制品制作者是指自己承担责任，首次录制录像制品或者指示第三方录制录像制品的自然人或法律实体。

第80条　录像制品制作者的权利内容

（1）录像制品的制作者应当享有使用其录像制品的独占性财产权，并有权通过合同许可他人行使该权利；他人在未经许可的情形下，仅能在本法规定的范围内使用该录像制品。

（2）使用录像制品的权利包括：

a）复制录像制品的权利；

b）分发录像制品原件或复制件的权利；

c）出租录像制品原件或复制件的权利；

d）出借录像制品原件或复制件的权利；

e）向公众广播或以其他形式传播录像制品的权利。

（3）参照适用第25条的规定，录像制品制作者有权向为个人使用复制其录像制品的行为收取报酬。

（4）录像制品制作者的权利可以转让。

第81条　录像制品制作者的权利的保护期

录像制品制作者的权利保护期为自录像制品制作之日起50年。若录像制品在此期间内被合法公开的，权利的保护期为自公开之日起50年。

第82条　对第1编规定的适用

录像制品制作者及其录像制品应参照适用第2条第（3）款，第4条，第6条，第9条第（2）至（4）款，第12条第（2）款和第（3）款，第13条至第16条，第18条至第23条，第25条，第25a条，第27条第（8）款，第27a条至第29条，第30条第（1）款、第（2）款、第（5）款和第（6）款，第30b条，第31条，第31a条，第34条a）项至c）项，第35条，第37条至第37b条，第38a条，第38c条，第38e条，第46条至第57条至第44条以及第62条第（2）款的规定。

第4章 广播电台、电视台对其广播享有的权利

第83条 广播和广播者

（1）广播是指通过广播或电视传播让观众接收的声音、音像或对声音和音像的表达。

（2）广播者是指自己承担责任，通过广播或电视播放声音、音像或对声音和音像的表达的自然人或法律实体，或指示第三方广播的自然人或法律实体。

第84条 广播者权利

（1）广播者享有使用其广播的独占性财产权，并有权通过合同许可他人行使该权利；他人在未经许可的情形下，仅能在本法规定的范围内使用其广播。

（2）使用广播的权利包括：

a）录制广播的权利；

b）对已录制的广播进行复制的权利；

c）分发录制广播的复制件的权利；

d）向公众传播该广播的权利。

（3）广播者根据第（1）款享有的权利可以转让。

第85条 广播者权利保护期

广播者权利保护期为自广播之日起50年。

第86条 对第1编规定的适用

录音制品制作者及其录音制品应参照适用第2条第（3）款，第4条，第6条，第9条第（2）至第（4）款，第12条第（2）款和第（3）款，第13条，第14条，第18条，第20条，第21条，第22条，第23条，第27条第（8）款，第27b条至第29条，第30条第（1）款、第（2）款、第（5）款和第（6）款，第30b条，第31条，第34条a）项至c）项，第35条第（1）款、第（2）款和第（4）款，第37条第（1）款和第（4）款，第37b条，第38a条，第38c条，第38e条至第38g条，第39条第（1）款a）项，第

39a 条至第 44 条，第 46 条至第 57 条以及第 62 条第（2）款的规定。

第 5 章 出版者权利

第 87 条

（1）个人为其自身使用或法律实体或个体经营者为其内部使用，复制出版者出版的作品的，出版者有权收取报酬。

（2）出版者有权就其出版的作品复制件的出借获得报酬，前提是借出者为第 37 条第（1）款规定的人。出版者在以下情况下无权根据第一句的规定获得报酬：现场借阅，或者作品的复制件由学校图书馆、高等院校图书馆以及博物馆、美术馆和档案馆借出。

（3）出版者根据第（1）款和第（2）款享有的权利自作品出版之日起持续 50 年。第 27 条第（8）款的规定参照适用。

（4）第（1）款和第（2）款规定的出版者权利可以转让。

第 6 章 首次出版者的权利

第 87a 条

（1）首次出版已过保护期的未发表作品的，首次出版者就该作品享有与作者在权利未到期时相同程度的著作财产权。

（2）第（1）款规定的权利可以转让，自作品出版之日起存续 25 年。第（1）款规定的权利的保护期应参照第 27 条第（8）款的规定计算。

第 7 章 出版商对新闻出版物享有的权利

第 87b 条

（1）就本法而言，新闻出版物系指主要由新闻性质的文学作品组成的选集，其中还可能包含其他作品和其他受保护的客体，并且：

a）是同一标题的期刊或定期更新出版物（例如报纸或期刊）中的单个项目；

b）包含新闻报道或其他领域的信息；以及

c）在出版商的编辑责任和控制下出版。

（2）根据第（1）款规定的新闻出版物不包括为科学或学术目的而发布

的出版物。

(3) 在欧盟成员国之一或欧洲经济区成员国之一设立的新闻出版物出版商应拥有使用其新闻出版物的独占性财产权，并授权信息社会服务提供商❶行使该权利；未经此种授权，新闻出版物只能在本法规定的情况下使用。

(4) 使用新闻出版物的权利是：

a) 为在线使用而复制新闻出版物；

b) 根据第 18 条第（2）款向公众提供新闻出版物。

(5) 新闻出版物出版商的权利是可以转让的。

(6) 新闻出版物出版商的权利自新闻出版物出版之日起持续 2 年。

(7) 新闻出版物出版商权利应参照适用第 2 条第（3）款，第 4 条，第 6 条，第 7 条，第 9 条，第 12 条第（2）和第（3）款，第 13 条，第 14 条，第 18 条第（2）款，第 27 条第（8）款，第 27a 条至 29 条，第 31 条第（1）款 b）项和第（2）款，第 31a 条，第 34 条 a）项至 c）项，第 37 条第（1）款 a）和 b）项，第 37a 条，第 37b 条、第 38a 条第（1）款，第 39 条至第 41 条、第 43 条，第 44 条以及第 53 条至 57 条的规定。

(8) 根据第（3）款和第（4）款使用新闻出版物的权利，不得延伸至使用新闻出版物中的单个词语或非常简短的摘录，以及插入超链接。

(9) 在根据第（3）款就授予行使新闻出版物使用权的授权进行谈判时，信息社会服务提供商❷应对新闻出版物出版商保持公平、平等和非歧视的态度，并应向出版商支付适当的报酬，以获得行使新闻出版物使用权的授权。

(10) 在根据第（3）款就授予行使新闻出版物使用权的报酬❸进行谈判时，应考虑新闻出版物在行使第（4）款规定的权利时新闻出版物被使用的程度、使用范围、新闻出版物对公众的影响、出版商为获取新闻出版物内容所付出的努力以及信息社会服务提供商从使用新闻出版物中获得的经济利益，包括广告收入。

(11) 如果信息社会服务提供商和新闻出版物出版商在根据第（3）款就新闻出版物使用权的授权进行谈判之日起 60 天内未就报酬数额达成协议，任何谈判方均有权根据第（10）款向文化部提出申请，要求确定报酬数额。该申请应包括确定报酬金额或确定报酬方法的建议。文化部将邀请另一方在不

---

❶❷　经修订的关于某些信息社会服务和其他法律修正案的第 480/2004 号法令（信息社会服务法）。

❸　民法典第 2366 条。

少于 14 天的时间内对申请作出答复。信息社会服务提供商和新闻出版物出版商有义务在收到通知之日起 30 天内，根据要求，免费向文化部提供确定报酬数额或确定报酬方法所需的所有信息。

（12）文化部应在收到申请书、申请说明或确定报酬数额所需的信息之日起 60 天内，以较晚者为准，根据第（10）款确定报酬数额。民事诉讼法第五部分的规定适用于对决定的复审。

（13）任何当事方均有权在根据第（12）款作出的决定生效后 3 年内，根据第（11）款和第（12）款提出申请，要求确定报酬数额。如果确定报酬数额的情况发生重大变化，则不适用。

（14）信息社会服务提供商有义务避免任何规避出版商就其新闻出版物享有的权利的行为，特别是：

a）拒绝善意地就授予行使新闻出版物的使用权进行谈判，包括为这种使用支付适当的报酬；

b）以歧视性方式任意限制或修改信息社会服务，以在无正当理由的情况下，从避免特定出版商处获得使用新闻出版物的许可；本规定只适用于信息社会服务提供商在其根据上一句限制或修改的服务市场上占有支配地位的情形；

c）滥用其市场支配地位以获得授权，以对出版商不利的条款行使使用新闻出版物的权利。

（15）第（10）款至第（14）款的规定只适用于信息社会服务提供商是企业的情况，并且只适用于信息社会服务提供商以第 18 条第（2）款所述的方式复制和向公众提供新闻出版物，以便通过互联网搜索引擎或通过社交网络提供搜索结果的情况。如果出版商明确拒绝授予行使使用新闻出版物的权利，则第（11）款的规定不适用。

（16）第（10）款至第（13）款的规定不适用于由集体管理组织订立的合同。

第 3 编 数据库制作者的特殊权利

第 88 条 定 义

为本法目的，数据库是指由独立的作品、数据或其他元素构成的集合，这些元素经特定方式系统地整理，且不论其表达形式为何，均可以通过电子或其他方式单独访问。

第 88a 条

（1）数据库的特殊权利（第 90 条）由数据库的制作者享有，前提是其对数据库内容的形成、核实或呈现作出了质量或数量上的显著贡献，无论数据库或其内容是否受到著作权或其他保护。

（2）对数据库的任何数量上或质量上的显著的新贡献，包括补充、缩短或以其他方式调整数据库，都将更新根据第 93 条计算的权利保护期。

第 89 条　数据库制作者

数据库制作者是指自己承担责任汇编数据库的自然人或法律实体，或者指示他人汇编数据库的自然人或法律实体。

第 90 条　数据库制作者特殊权利的内容

（1）数据库制作者有权提取或使用数据库的全部内容或其实质部分（不论是从数量上还是质量上考虑），以及授权他人行使此项权利。

（2）使用数据库的全部内容或实质性部分包括：

a）以任何方式或手段，永久或临时，直接或间接，复制数据库的全部或实质性部分；

b）通过出售或以其他方式转让数据库原件或复印件的所有权，通过出租或在线连接或其他传输方式（包括为此目的提供行为），向公众提供数据库的全部或大部分实质性内容。

（3）出借数据库原件或复制件不构成第（2）款所指的使用。

（4）禁止重复、系统地提取或使用数据库内容的非实质性部分，以及不利于数据库制作者合法利益的其他不正常、不合理的行为。

（5）数据库制作者的权利可以转让。

第 91 条　数据库制作者特殊权利的限制

数据库已经以任意方式向公众开放的，合法用户提取或使用数据库在数量或质量上不显著的非实质内容，无论出于何种目的，均不侵犯数据库制作者的权利。但前述用户应当以常规、合理的方式使用数据库，不能系统地或重复地提取或使用，不得损害数据库制作者的合法利益以及数据库中作品或其他受保护对象的作者或其他相关权利人的利益。

第 92 条　无偿法定许可

数据库已经由制作者向公众开放的，以下合法用户提取或使用数据库实质性部分的行为，不侵犯数据库制作者的权利：

a）供个人使用，但不应妨碍第 30 条第（1）款的规定；

b）出于科学或教育目的且标明来源，并在非营利目的范围内；和

c）为公共安全或行政或司法程序的需要。

第 93 条　数据库制作者权利的保护期

数据库制作者权利的存续期为自数据库制作之日起 15 年。如果数据库在此期间向公众开放，则数据库制作者权利的存续期间为自开放之日起 15 年。

第 94 条　对第 1 编规定的适用

数据库制作者应参照适用第 3 条 a）项，第 4 条，第 6 条，第 9 条第（2）款至第（4）款，第 12 条第（2）款，第 13 条至第 15 条，第 18 条第（2）款第一句、第（4）款，第 27 条第（8）款，第 27a 条至第 29 条，第 30 条第（1）款至第（3）款，第 31a 条，第 37 条第（1）款 a）项，第 37b 条，第 39a 条至第 44 条以及第 46 条至第 57 条的规定。

第 4 编　集体管理

第 1 章　一般规定

第 95 条　集体管理

（1）集体管理是指为权利人的共同利益，对权利人发表或提供的作品、艺术表演、录音录像制品的著作权或邻接权（以下简称"保护对象"）进行全面管理。集体管理不负责促成许可或其他协议，也不是临时或短期的对权利的全面管理，但强制集体管理权除外。

（2）集体管理的目的是集中行使和保护著作权和邻接权，并使这些权利的客体向公众开放。

（3）权利持有人是指：

a）合法持有著作权或邻接权的财产权的主体；

b）根据本法，行使作品的财产权的主体（第 58 条）；或

c）在财产权存续期间内，经合同许可独占行使集体管理的权利，且至少在捷克境内有权授予分许可的权利的主体。

（4）就集体权利管理而言，使用者是指使用受保护对象或依本法有义务支付报酬的人。

第95a条　集体管理组织

（1）集体管理组织是由权利人组成的法律实体，根据集体管理的授权，其唯一或主要目的是为权利人进行集体管理，不是为商业或其他营利活动而设立。

（2）在欧盟成员国或欧洲经济区成员国内设立的主体向一个以上欧盟或欧洲经济区成员国在线提供音乐作品，不需要集体管理组织授权，应根据其所在国的法律授予许可。

第2章　集体管理授权

第96条　申请授权

（1）文化部应根据书面申请决定授予集体管理权。

（2）除行政程序法规定的一般要求外，申请还应包括：

a）申请人法定机构的名称、法定机构负责人的姓名和住所，或者法定机构成员的相关信息，以及代表申请人的权限，如果这些数据无法从公共管理信息系统获得；

b）集体管理的权利；和

c）本款b）项规定的权利的客体，当该客体为作品时，还需说明该作品的类型。

（3）申请人应当在申请中附上：

a）与权利人签订的格式协议草案，合同内容应规定其为权利人执行权利集体管理的方式；

b）说明分配方式和报酬支付规则的草案，应避免分配中的任意性，并遵循支持具有重要文化意义的作品和表演的原则；

c）表示有意由申请人对其权利进行集体管理的权利人名单，注明其居住地，如果是外国人则注明其居住地和国籍，并列出他们已公开的保护对象，范围应符合程序目的，并附上这些权利持有人的签名；

d）权利由申请人集体管理的成员名单，注明其居住地，如果是外国人则注明其居住地和国籍，并列出他们已公开的保护对象，范围应符合程序目的，并附上这些权利持有人的签名；

e）对集体管理权利预期收益的估算以及集体管理费用的估算；

f）每类保护对象单独使用的报酬估算；

g）第96b条第（2）款、第（3）款规定的良好品行证明；

h）章程或类似文件（以下简称"章程"）；

i）证明与至少2个外国集体管理组织缔结或承诺缔结互惠协议的文件；

j）成员资格条件和终止集体管理授权的条件，如果章程中没有包含该内容；

k）示范许可协议；

l）确定权利行使收入及其投资所得的扣除费用的一般规则，该扣除款用于非权利管理目的，包括提供社会、文化和教育服务的成本；

m）投诉处理程序。

（4）如果申请人在其他欧盟或欧洲经济区成员国设立并进行集体管理，应仅在申请书中附上一份证明其根据该国法律实施集体管理的文件。

第96a条　授权决定

（1）文化部应自集体管理申请提交之日起90天内决定是否授予集体管理权。

（2）符合以下条件的，文化部应授权在另一欧盟成员国或欧洲经济区成员国设立并依法进行集体管理的申请人的集体管理权：

a）授权申请符合第96条第（2）款、第（4）款的规定；

b）申请集体管理的权利适合进行集体管理；和

c）对于相同的保护对象（如果是作品，则指相同种类的作品）和相同权利的管理，不存在其他已被授权的集体管理组织；

（3）申请人不是第96条第（4）款规定的申请人的，符合以下条件的，文化部应授予集体管理权：

a）申请人具有协会的法律形式；

b）授权申请符合第96条第（2）款、第（3）款的规定；

c）申请集体管理的权利适合进行集体管理；

d）对于相同的保护对象（如果是作品，则指相同种类的作品）和相同权利的管理，不存在其他已被授权的集体管理组织；

e）满足确保集体管理适当和有效执行的先决条件；

f）符合第96条第（3）款d）项至h）项的前提条件；

g）是无犯罪记录的法律实体，若法律实体因故意犯罪被判刑且未恢复无犯罪记录，则不视为无犯罪记录法律实体；

h）其管理机构成员均无犯罪记录，其中，若成员因财产犯罪或经济犯罪被判刑且未恢复无犯罪记录，则不视为无犯罪记录成员；和

i）在保护对象的种类和数量方面具有足够代表性的权利持有人希望申请人集体管理其权利，如果涉及作品，则在作品种类方面也具有足够的代表性，且集体管理合同主要是关于这些对象的使用。

（4）文化部可以授权特定的集体管理组织根据第25条和第37条第（2）款的规定替所有作者或邻接权人收取报酬，只要该组织是实施集体管理最适宜及有效的组织。在这种情况下，对其他集体管理组织的授权可以仅包括将其收取的报酬分配给由其管理权利的著作权人或邻接权人。

（5）文化部应在授权决定生效之日起30日内，在其网站上公布授权决定及生效日期。

第96b条 品行证明

（1）为了证明在捷克注册的法律实体或作为捷克公民的法定机构成员的无犯罪记录，文化部应要求申请人提供刑事登记法❶规定的犯罪记录摘要。

（2）为了证明在捷克境外注册的法律实体无犯罪记录，申请人应在申请表中附上：

a）法律实体注册地所在国出具的犯罪记录摘要或类似文件；或

b）如果法律实体的注册地所在国不出具犯罪记录摘要或类似文件，则需由该国的公证人或其他主管机关出具的无犯罪记录声明。

（3）如果法定机构成员为外国人，为证明其无犯罪记录，申请人应在申请表中附上：

a）法定机构成员所属国籍的国家签发的无犯罪记录摘要或类似文件，如果法定机构成员是欧盟另一成员国的公民，根据刑事登记法❷，除犯罪记录摘要外，还需提供该成员所属国籍的国家签发的犯罪记录摘要；或

---

❶❷ 关于修订刑事登记的第269/1994号法令。

b）如果该成员所属国籍的国家不出具犯罪记录摘要或类似文件，则需由该国的公证人或其他主管机构出具的无犯罪记录声明。

（4）犯罪记录摘要的开具日期应不早于3个月之前。

第96c条　撤回授权

（1）出现以下情况的，文化部应当部分或全部终止授权：

a）集体管理组织不再符合授权的要求，并在文化部规定的合理期限内未能补正或无法补正；

b）集体管理组织在过去2年多次或严重违反本法规定的义务；或

c）集体管理组织自行请求。

（2）如果集体管理组织违反本法规定的义务并在文化部规定的合理期限内未能补正，文化部可以部分或全部撤销授权。本规定不影响第（1）款a）项、b）项的规定。

（3）授权应在撤销授权决定上载明的日期失效；授权终止日应设定为日历年的最后一天，且决定生效日与授权终止日之间的间隔应不少于6个月。

（4）参照适用第96a条第（1）款、第（4）款的规定。

第3章　集体管理组织的成员资格及组织架构

第96d条　成员资格

（1）集体管理组织的成员只能是权利人、权利人的代表、其他集体管理组织或由权利人组成的法律实体，且需满足集体管理组织章程中规定的会员资格要求。集体管理组织拒绝会员入会申请的，应说明理由。

（2）成员资格要求必须基于客观、透明、非歧视的标准，例如在特定会计周期内向权利人支付或应付的报酬数额、集体管理组织根据合同或登记对其权利行使集体管理的时间。

（3）组织章程应规定成员参与集体管理组织决策的有效机制。根据不同创作类别，公平公正确定不同类别成员决策时的代表性。

（4）组织章程应规定为了行使成员权利，成员可通过电子方式与集体管理组织沟通的方式，包括用于行使会员权利的目的。

（5）集体管理组织应当登记成员名册，并定期更新。

第96e条　集体管理组织的机构

集体管理组织应至少包括法定机构、最高机构及监督委员会。

第96f条　最高机构

（1）除非另有规定，集体管理组织的最高机构是集体管理组织全体成员参加并行使代表权的机构。最高机构会议不得采取部分会议的形式，最高机构的权力不得由代表大会行使。

（2）最高机构决定集体管理组织章程的修改。

（3）最高机构决定集体管理组织管理人员的任免，监督他们履行职责的情况，并批准他们的薪酬及其他福利，如货币和非货币福利、额外福利及遣散费。组织章程可以将对第96g条第（1）款规定的管理人员作出决定的权力委托给监督委员会。

（4）最高机构应进一步决定：

a）分配规则：

1. 集体管理组织根据本法规定的专有权或报酬为权利人收取的收入，包括损害赔偿和不当得利的收入（以下简称"行使权利的收入"）的分配规则；和

2. 行使权利的收入投资收益的分配规则。

b）第99c条第（3）款规定的收入的管理规则。

c）关于行使权利的收入及其投资所得的投资方案。

d）行使权利的收入及其投资所得的成本扣除方案。

e）第99c条第（7）款中规定的收入的使用。

f）管理投资风险的程序。

g）批准不动产的收购、转让或抵押。

h）批准合并、设立集体管理组织拥有多数股份，或直接或间接控制其全部或部分所有权的实体，设立另一个实体以及收购其他实体的股份或权利。

i）批准接受或提供贷款或借款，或为贷款或借款提供担保的提案。

（5）最高机构根据审计法❶任命并罢免审计师，并批准审计年度报告。

（6）最高机构可以通过决议或修改章程，授权监督委员会行使第（4）

---

❶ 经修订的关于审计师和其他法律修正案的第93/2009号法令（审计法）。

款 f) 项至 i) 项的权力。

（7）组织章程可以根据成员资格的期限或在特定会计周期支付或结算给成员的报酬金额，限制集体管理组织成员参加最高机构会议和行使表决权的权利，但这些标准必须以公平合理的方式确定和应用。

（8）组织章程可以限制在最高机构会议上和投票时由一人代表的成员人数。每份授权的有效期为一次会议。

第 96g 条　集体管理组织的管理人员

（1）集体管理组织的管理人员是集体管理组织的法定机构成员或管理集体管理组织事务或参与管理的工作人员。

（2）监督委员会的成员也被视为集体管理组织的管理人员。

（3）第（1）款规定的管理人员须勤勉地管理集体管理组织的活动。

（4）集体管理组织应建立和适用一定的程序，以防止管理人员的个人利益与集体管理组织的利益发生冲突。如果利益冲突无法避免，集体管理组织有义务识别、处理、监控和披露已发生的和可能的利益冲突，以防止其对权利人的集体利益产生不利影响。

（5）集体管理组织的管理人员应每年向最高机构提交上一个日历年的利益冲突声明，包括：

a）该管理人员在集体管理组织内部所有利益的信息；

b）上一会计周期从集体管理组织获得的所有报酬和其他福利的信息；

c）上一会计周期作为权利人从集体管理组织获得的所有权利行使的收入的信息；

d）声明其个人利益与集体管理组织利益之间存在或可能发生的冲突，以及该管理人员对集体管理组织的义务及其对另一自然人或法律实体的义务之间存在或可能发生的冲突。

第 96h 条　监督委员会

（1）监督委员会每个会计周期应至少召开一次会议，但组织章程规定更高召开频率的除外。

（2）监督委员会的权限包括：

a）系统地监督集体管理组织的管理人员的活动并指示其履行职责，包括执行最高机构的决定，特别是第 96f 条第（4）款 a) 项至 d) 项的决定；和

b）章程或最高机构决定授予的其他权力。

（3）监督委员会应每年向最高机构提交其上一个日历年的权力行使情况报告。

（4）从事不同类别创作活动的集体管理组织成员在监督委员会中应被公平和公正地代表。

第4章　集体管理的实施
第1节　一般规定

第97条

（1）除本法另有规定外，集体管理组织应当以书面合同为基础，进行集体管理。

（2）除本法另有规定外，或者本法对集体管理的性质、目的另有规定，集体管理的实施适用民法典关于第三人财产管理的规定❶。

（3）集体管理以集体管理组织的名义，由集体管理组织负责、代表权利人系统地进行集体管理工作。在与第三人的关系中，权利人不与集体管理组织承担连带责任，也不单独承担责任。集体管理组织不是权利人的代表。

（4）集体管理不是商业行为。

（5）为提高集体管理的效率，集体管理组织可以通过其拥有决定性财产权益的实体，或其直接或间接、全部或部分控制的实体（单独或与其他集体管理组织共同控制）来开展某些活动，例如开具发票或分配属于权利人的款项，在此情形下，除第2节和第3节外，第4编的规定应参照适用于集体管理组织。集体管理组织或设立该实体的集体管理组织对其行使集体管理权的行为负责。

第97a条　集体管理组织和权利人之间的义务

（1）集体管理组织在授权范围内有义务：

a）根据本法，对权利人的著作财产权进行集体管理；

b）集体管理组织应在常规条件和与权利人商定的范围内，接受每位权利人的请求，履行集体管理职责，但前提是权利人需证明其受保护的对象已被

---

❶ 民法典第1400条及其后条款。

适当使用，并且该权利的集体管理未由其他集体管理组织为同一保护对象实施。如果涉及作品，则需确保同一类型作品的相同权利未由第 97g 条第（1）款 a）项中规定的外国主体管理；

c）平等地代表权利人行使其权利。

（2）集体管理组织有义务为其管理的权利人的最大共同利益行事，并且不向权利人强加任何对权利的保护或有效管理不必要的义务。

（3）权利人可选择将其特定权利、权利类别、作品或其他保护对象的集体管理委托给任何地域的集体管理组织，而不受集体管理组织注册地的限制，也不受权利人国籍、居住地或注册地的限制。

（4）权利人应在合同中确定委托集体管理组织管理的权利、权利类别、作品类型，以及其他保护对象。在合同有效期内，应向集体管理组织提供委托管理的每项权利、权利类别、作品或其他保护对象的纸质文件。

（5）如果不是出于直接或间接的经济或商业利益，权利人仍可以授权行使对特定权利、权利类别、作品类型或其他保护对象的管理，即使该保护对象已经委托给集体管理组织全面管理，但必须提前通知相关的集体管理组织。本款不影响第 97d 条、第 97e 条的规定。

（6）权利人可以以书面形式全部或部分撤销对特定权利、权利类别、作品类型或其他保护对象在特定领域内的集体管理授权，通知期限不超过 6 个月。组织章程可以规定该通知在其发出的会计周期结束前不生效。权利人撤销第 97d 条规定必须进行集体管理的对象的授权的，权利人只能委托其他集体管理组织管理该对象，不能自行管理。

（7）在根据第（6）款的规定终止其授权后，在权利人因集体管理提出的所有索赔得到解决前，第 97b 条、第 99a 条至第 99e 条、第 99j 条、第 100b 条、第 101h 条规定的权利不受影响。

（8）集体管理组织不得通过将特定权利、权利类别、作品类型或其他保护对象委托给另一集体管理组织管理，以限制第（6）款、第（7）款所述权利的行使。第（6）款第三句的规定不受影响。

（9）集体管理组织应使非其成员的权利人能够通过电子方式与其交流。

（10）组织章程应规定第（3）款至第（9）款的规则。组织章程还应定义第（3）款所称权利、权利类别、作品和其他保护对象，以及第（5）款、第（6）款规定的权利的行使条件。集体管理组织在根据第（4）款达成合同前有义务告知权利人这些规则。

第 97b 条 向权利人提供的信息

（1）集体管理组织有义务至少每年向每个权利人提供上一个日历年的以下信息：

a）权利人向集体管理组织提供的所有联系信息，用于确认和查找权利人；

b）权利人从权利管理中获得的总收入；

c）扣除的权利管理费用；

d）为支付权利管理费外的其他目的而扣除的费用，包括为提供社会、文化或教育服务而扣除的费用；

e）向权利人支付的权利管理收入，按照受管理权利的类别、使用方式划分；

f）所述收入的计算及支付周期，除非集体管理组织因与用户报告相关的客观原因而无法提供此信息；和

g）任何尚未支付给权利人的行使其权利的收入。

（2）如果集体管理组织的成员包括负责分配和支付权利人行使权利的收入的人员，集体管理组织应向其提供第（1）款规定的信息，第（1）款规定的义务也应参照适用于该成员。

第 97c 条 集体管理组织记录

（1）集体管理组织应当保存以下权利人的名单：

a）根据合同对其权利进行集体管理的权利人；

b）已登记备案的权利人；和

c）孤儿作品的权利人，如果管理组织知道其持有人。

（2）集体管理组织应当记录：

a）集体管理组织知道的由其管理的保护对象；和

b）集体管理组织知道的由其管理的孤儿作品。

（3）第（1）款、第（2）款规定的清单可以仅包含执行集体管理所必需的信息。

（4）集体管理组织应定期更新权利人记录，并在集体管理授权的有效期内保存该记录。

第 2 节　集体管理的权利

第 97d 条　强制集体管理的权利

（1）以下权利为必须集体管理的权利：

a）就以下事项收取报酬的权利：

1. 通过广播或电视传播、转播或重播的方式，使用他人为商业目的发行的艺术表演的录音制品；

2. 通过广播或电视传播、转播或重播的方式，使用他人为商业目的发行的录音制品；

3. 为个人使用，通过技术设备将相关内容复制到空白载体，制作录音录像制品或其他录制品的复制件；

4. 为个人使用或为法律实体或个体经营者的内部使用，通过技术设备，在纸张或其他载体上制作印刷复制件，包括通过第三方制作此种复制件；

5. 转售艺术作品原件；

6. 根据第 37 条第（2）款和第 87 条第（2）款的规定，出借已发行作品的原件或复制件。

b）对出租作品原件或复制件，或出租载有表演者表演的录音录像制品，收取合理报酬的权利。

c）通过广播或电视传播作品、现场艺术表演和固定在录音录像录制品上的艺术表演的权利，但录音制品为商业目的发行的表演除外，以及传播为非商业目的发行录音录像制品的权利；除非

1. 传播权由广播公司在其广播活动行使，无论这些权利是广播公司自己的权利还是根据与权利人签订的合同行使的权利；

2. 原广播公司的广播完全通过互联网接入服务进行，并且传输不是在受控环境中进行的；就本法而言，受控环境系指向授权用户提供广播安全传输的环境。

d）第 71 条第（4）款规定的收取年度补充报酬的权利。

（2）相关集体管理组织应为权利人代理行使第（1）款规定的权利，并就未经授权行使该权利的行为要求损害赔偿及返还不当得利。

第 97e 条　延伸集体管理

（1）如果第 98a 条第（2）款规定的集体管理合同授权集体管理组织以本

条第（4）款规定的方式行使保护对象的权利，则该授权不仅适用于根据合同受集体管理的情形，也适用于所有未签署合同但根据本法被视为其集体管理对象的权利人。

（2）第（1）款的规定不适用于视听作品及视听作品中包含的音乐作品，除非是根据第（4）款 c）项和 e）项使用的视听作品中包含的音乐作品；第（1）款的规定也不适用于根据第（1）款非基于合同而进行集体管理的权利持有人，这些权利人可以对特定使用情况和特定用户，或者对所有特定使用方式排除集体管理合同的效力；第 104a 条第（2）款和第（3）款的规定参照适用。如果权利排除了集体管理合同的效力，则在用户得知合同效力被排除后的一段合理时间内，必须终止基于先前签订的合同使用保护对象的行为。集体管理组织有义务在合理时间内以适当方式通知用户权利持有人排除集体管理合同效力的情况。

（3）根据第（1）款规定的实施集体管理的权利人，在授权无偿行使该权利时表示排除集体管理合效力的，则自集体管理组织收到通知起，排除其在该范围内的集体管理授权。

（4）第（1）款至第（3）款的规定适用于以下权利行使的授权：

a）公开播放为商业目的发行的录音制品或其中的艺术表演。

b）公开播放为商业目的发行的录音制品中的音乐作品（有歌词或无歌词的），但不包括戏剧表演。

c）广播或电视传播，或根据第 21a 条第（1）款 a）项提供附加在线服务。

d）公开播放包括艺术表演作品、录音录像制品的广播或电视节目。

e）出租作品的原件或复制件，或出租录音录像制品；此规定不适用于计算机程序。

f）图书馆法❶规定的图书馆，以第 18 条第（2）款规定的方式，通过第 37 条第（1）款 c）项规定的其场馆内的设备，向公众提供非其藏品的作品的非实体形式，包括为此目的制作复印件，此规定不适用于计算机程序。

g）非为直接或间接的经济或商业利益，现场表演作品，但不包括戏剧表演。

---

❶ 经修订的关于图书馆和公共图书馆信息服务运营条件的第 257/2001 号法令（图书馆法）。

h）仅为研究或个人学习目的，图书馆法❶规定的图书馆，以第 18 条第（2）款规定的方式向公众提供已发表的作品，包括为此提供必要的复制件。本规定不适用于计算机程序、录制在录音录像制品中的作品或表演，已发表的音乐作品或音乐剧作品的乐谱受其他许可协议限制的作品。

i）图书馆法❷规定的图书馆制作第 97f 条规定的市场上无法获得的作品的复制件，并由图书馆以第 18 条第（2）款规定的方式向公众提供该作品的复制件，且供特定个人使用的期限合并不超过 5 个日历年，包括重复使用。

j）第 37 条第（1）款规定的主体制作已发表的音乐或音乐剧作品的乐谱的印刷复印件，供自己内部使用，或为了其他自然人的个人使用，或用于教学或科学研究，并且不是为了直接或间接获得经济或商业利益。

k）超出第 29 条和第 30a 条第（1）款规定的范围，制作作品的复印件，并由学校、教育机构或高等院校传播该复制品，仅用于教育目的，而不是为了实现直接或间接的经济或商业利益；

l）图书馆在闭馆超过 2 个月的期间，可以应用户的要求，以第 18 条第（2）款规定的方式，向其用户提供已出版作品的在线访问权限，包括为此类访问制作必要的复制品，但仅限于教育或研究目的；本规定不适用于计算机程序、记录在录音或录像制品上的作品或艺术表演、已发表的音乐或音乐剧作品的乐谱以及受其他许可协议限制的作品；

m）制作、分发或传播未在市场上出售或收藏在文化遗产机构并以第 37b 条第（1）款所述方法向公众提供的作品或其他受保护对象的复制件，但不包括 i）项所述内容。

（n）通过传输使用广播或电视节目中的作品、现场艺术表演以及录音制品（为非商业目的发行）录像制品及其录制艺术表演的权利，除非广播公司就其自身广播行使转播权，不论是其自身的权利还是基于与权利签订的许可协议行使的权利，且：

1. 原始广播是通过互联网接入服务进行的；或

2. 传输在非受控环境中通过互联网接入服务进行。

（5）第（1）款至第（4）款也适用于损害赔偿和不当得利归还的集体诉讼。

（6）集体管理组织有义务在其网站上公布第（1）款至第（5）款中所述

---

❶❷ 经修订的关于图书馆和公共图书馆信息服务运营条件的第 257/2001 号法令（图书馆法）。

机制的运作情况。

第97ea条

（1）如果集体管理组织根据第98a条第（2）款通过集体管理合同授予对第97e条第（4）款i）项或m）项所述的使用权，除非另有约定，这一授予将在所有欧盟成员国和欧洲经济区成员国的领土内适用。

（2）对第97e条第（4）款i）项或m）项所述受保护对象的使用权，在符合第（1）款、第（3）款和第（4）款规定的条件下，获得集体管理权利许可的集体管理组织可以向位于捷克境内的文化遗产机构授予该权限。

（3）适用第（1）款规定的作品、艺术表演、录音或录像制品、受数据库制作者特别权利保护的数据库或印刷出版物，须在根据第（1）款、第（2）款及第97e条第（4）款i）项或m）项使用前的至少6个月，已由文化遗产机构在欧盟知识产权局建立和管理的"市场上无法获得作品门户网站"❶以及该机构的官方网站上永久公布，内容包括关于受保护对象和权利持有人、使用方式和范围的信息，以及权利持有人可以根据第97e条第（2）款排除集体管理合同效力的信息。

（4）第97e条第4款m）项的规定不适用于以下市场上无法获得的作品和其他保护对象的收藏，如果经过合理努力后发现这些收藏主要由以下内容组成：

a）除电影或视听作品外，已在第三国首次发行（如未出版，则为首次播出）的作品；

b）电影或视听作品，其制作人在第三国设立或惯常居住；或

c）第三国国民创作的作品或其他保护对象，即使经过合理努力也无法确定其属于欧盟成员国、欧洲经济区成员国或a）项或b）项规定的第三国。

（5）如果集体管理组织根据第97g条的合同管理的权利人中，第三国国民或其总部或常住地在第三国的权利人数量在保护对象种类和数量方面具有足够的代表性，并且在作品种类方面具有足够的代表性，则第（4）款的规定不适用。

---

❶ 2012年4月19日，欧洲议会和欧洲理事会委托内部市场协调局（商标和外观设计）执行知识产权的任务，包括以欧洲知识产权侵权观察站的形式联合公共和私营部门的第386/2012/EU号条例。

第97f条　市场上无法获得的作品清单

（1）捷克国家图书馆（以下简称"国家图书馆"）负责管理并在其网站上公布市场上无法获得的作品清单，只有语言作品会被列入该作品清单，包括纳入其中或构成其组成部分的作品。

（2）权利人、图书馆法❶规定的图书馆或相关集体管理组织可以提议将特定作品纳入清单，国家图书馆应及时在其网站上公布该提案。

（3）国家图书馆应将以下作品纳入该作品清单：

a）在根据第（2）款提交提案后6个月内，经合理努力并在通常的条件下，无法在正常商业渠道付费获得该作品相同或类似表达的作品，特别是作品的后续版本或电子版；

b）作品的出版年份至少早于提交将作品列入名录的提案20年；并且

c）其使用未明确受到排除列入清单的销售或许可条件的约束。

（4）国家图书馆可以将10年或更早以前在捷克境内出版的期刊列入清单，除非其使用明确受到许可条件的限制而不能列入清单。在这种情况下，单独一期的期刊中包含的作品仅被视为该期刊的一部分列入列表。

（5）权利人有权书面要求国家图书馆将其作品从清单中删除。国家图书馆应不迟于收到通知的次月的最后一天，将作品从清单中删除。从列表中删除作品不会影响在撤回日期前根据第97e条第（2）款规定授予的授权有效性。

第3节　集体管理组织之间的义务

第97g条　实施集体管理时集体管理组织之间的相互许可

（1）集体管理组织能够通过合同将集体管理委托给另一集体管理组织，但受委托的集体管理组织应符合以下条件：

a）根据外国法律，是在该国就相同权利进行集体管理的外国组织，如果该外国组织进行集体管理的对象为作品，则应当与拟委托其进行集体管理的作品为同类型的作品；

b）经授权就相同权利进行集体管理的本国集体管理组织，但前提是该组

---

❶　经修订的关于图书馆和公共图书馆信息服务运营条件的第257/2001号法令（图书馆法）。

织能更有效地进行集体管理；

（2）根据第（1）款规定订立的合同必须采取书面形式。

（3）根据第（1）款规定授权的集体管理组织应以自己的名义并代表授权它的集体管理组织执行集体管理；这不影响集体管理组织将行使权利的收益转移给权利人的义务。

第 97h 条　集体管理组织的共同代表

（1）在订立标的为行使保护对象的权利的合同时，如果该权利由至少 2 个集体管理组织管理的，用户有权以书面形式，请求其中任何一方指定一名共同代表来签订合同；被请求作为共同代表的集体管理组织应立即将该请求通知其他相关集体管理组织。根据本款任命集体管理组织共同代表的目的是监督集体管理更有效地运行。

（2）相关集体管理组织有义务在收到申请之日起 2 个月内，根据第（1）款规定指定共同代表。该义务适用于以下集体管理作品权的执行：录制在录音录像制品上的作品和艺术表演的播放，播放此类录制品以及传输该播放的权利，广播或电视节目的权利，以及为个人或内部使用复制作品的报酬权。

（3）有关集体管理组织应当及时将共同代表的授权信息通知文化部，并在网站上公布。

（4）第（1）款、第（2）款的规定应参照适用第 98a 条第（3）款规定的集体协议，且如果参与的集体管理组织同意，也适用于已经提起诉讼的损害赔偿或返还不当得利请求。

第 4 节　与用户订立合同

第 98 条

（1）集体管理组织有义务与以相同或类似方式使用保护对象的用户、授权代表用户利益的团体或根据图书馆法代表用户的机构签订合同，合同应为用户规定平等条件，并以客观事实为依据：

a）授予使用受集体管理的保护对象的权利；

b）确定第 97d 条第（1）款 a）项第 1 点、第 2 点及 b）项规定的报酬数额和支付方法并监督其实施；或

c）协商本法规定的报酬的支付方法。

（2）集体管理组织和第（1）款提到的主体有义务及时互相提供必要信息，包括根据第98e条规定确定费率的标准和必要的协助。集体管理组织在收到必要的信息后，应立即向第（1）款所述的主体提交合同草案，或者说明未提交的原因。

（3）集体管理组织与用户之间的所有合同必须采用书面形式。

（4）在以下情形中，集体管理组织不承担第（1）款规定的义务：

a）订立合同有悖于权利人合法的共同利益；

b）在拟单独就该保护对象达成授权许可合同时，订立该合同将损害保护对象的权利人的合法利益；或

c）由于用户团体的用户数量极少，因此无法合理要求与其签订集体协议。

（5）集体管理组织在签订向欧盟或欧洲经济区的公众提供新型在线服务的许可合同，且许可期不超过3年时，集体管理组织有权使用与其他在线服务不同的许可条件。

（6）集体管理组织应使第（1）款所指的主体能够通过电子方式与其联系。

（7）用户有权选择代表与集体管理组织谈判。如果用户事先书面通知集体管理组织其选择的谈判代表，则集体管理组织有义务通过该代表与用户进行谈判。如果代表无法在捷克接收文件、故意规避谈判，或以其他方式阻止或妨碍集体管理组织行使权利，则集体管理组织无须与其谈判。

（8）民法典中关于提供许可而获得适当和公平的额外报酬的权利，以及被许可人或次许可人定期向作者提供有关作品使用❶的最新、相关和完整信息的义务的规定，不适用于第（1）款规定的合同。

第98a条

（1）集体管理组织根据许可协议赋予用户单独或共同使用受保护对象的非排他性权利。

（2）就本法而言，集体协议是指集体管组织与使用者订立的、授权使用其管理的全部或部分受保护对象（以下简称"保护对象目录"）或其部分的许可合同。协议应清晰明确地规定集体管理的每个保护对象的授权范围，但

---

❶ 民法典第2374条第（2）款、第（3）款，第2374a条。

不需要逐一列出保护对象。

（3）就本法而言，集体协议是指根据第98条第（1）款的规定，集体管理组织与根据图书馆法❶代表用户的法律实体或个人签订的合同。集体协议产生的权利和义务直接适用于个人用户与集体权利管理人之间的关系；此规定不影响集体管理组织代表权利人行事。

第98b条

与集体管理组织签订许可合同但拖欠报酬，且在集体管理组织规定的30天宽限期内仍未支付的用户，在支付应付报酬或因其他原因免除支付责任前，无权使用合同授予的权利。

第98c条　与订立合同相关的用户及其他人的义务

（1）用户有义务使集体管理组织能够适当地进行集体管理，并向其提供执行集体管理所必需的保护对象目录的使用信息，特别是关于行使权利、分配收入和向权利人付款的信息。用户无正当理由不得拒绝提供此信息。

（2）除非另有约定，信息的范围、技术格式以及提交时间应由集体管理组织确定。在决定提供信息的技术格式时，集体管理组织及用户应尽量考虑国际、欧盟或欧洲经济区制定的自愿性部门规则（以下简称"部门规则"）。

（3）用户或其他与集体管理组织订立许可合同的人，有义务应集体管理组织的要求，向集体管理组织证明其与集体管理组织签订的合同得到适当、及时的履行。集体管理组织不得将以此方式获得的信息用于集体管理以外的任何目的。

（4）现场公共音乐表演的运营者应最迟在表演开始前15天通知有关集体管理组织。现场公共音乐演出的提供者应在制作后及时向运营者提供演出节目单，说明作者姓名和演出作品的名称。除非运营者与集体管理组织之间的合同另有规定，现场公共音乐表演的运营者应在制作后的15天内将此计划通知相关集体管理组织。第一句、第二句和第三句不适用于只涉及第3条b）项规定的假名的民俗音乐的表演，或者如果所有的作品权利持有人都是该演出提供者，并且没有与集体管理组织签订关于现场演出作品管理的合同，或者演出内容仅为公有领域的作品。

---

❶　经修订的关于图书馆和公共图书馆信息服务运营条件的第257/2001号法令（图书馆法）。

（5）根据广播和电视传播运营法❶登记、被授权传输广播的用户应在获得授权之日起 15 天内通知相关的集体管理组织。

第 98d 条　用户责任的限制

（1）集体管理组织或由其管理权利的权利人不得根据本法、合同或其他法律规定，就未经授权侵犯或危害集体管理权利的行为主张禁令、损害赔偿或不当得利返还，如果使用者或其他经授权为其代表用户主张权利的人适当且无延迟地告知集体管理组织，并就本法要求的合同或费用进行谈判，或其同意适用第 101 条规定的调解或仲裁法❷规定的仲裁员，或根据第 97h 条向至少一个相关的集体管理组织发出委托共同代表的书面请求。如果第一句规定的情形存在，则根据本法或任何其他法律，侵犯或威胁集体管理的权利不构成违法行为。

（2）第（1）款不影响一般报酬金额内的不当得利返还的要求。

（3）如果不行使留置权有悖于权利人的合法共同利益，则第（1）款规定的留置权障碍消失，特别是因为使用者或其他经授权为代表用户主张权利的人明显不想达成第（1）款规定的合同或其获得不当得利返还的权利将受到威胁。

第 5 节　报酬费率

第 98e 条　一般规定

（1）本法未规定集体管理组织收取报酬的标准时，由集体管理组织规定的费率（以下简称"费率"）确定，并一律不征收增值税。

（2）管理组织规定的费率应当基于客观和非歧视性标准，并合理地参照标准。

（3）在确定报酬费率时，应当考虑保护对象的使用目的、方式、范围和情况，特别是：

a）保护对象是否使用在商业或其他有收益的活动中；

b）用户因使用保护对象或因该使用获得直接或间接的经济或商业利益；

---

❶　经修订的关于广播和电视作品的运营和其他法律修正案的第 231/2001 号法令第 26 条及其后续条款。

❷　经修订的关于调解和其他法律修正案的第 202/2012 号法令（调解法）。

c）使用保护对象的地点或区域的特点和具体情况；

d）使用保护对象的住宿场所的使用频率；

e）集体管理组织进行集体管理的权利人的数量，包括根据第 97g 条第（1）款 a）项规定的管理的情形；

f）根据第 19 条规定的向其传播作品的人数；和

g）集体管理组织提供的服务的经济价值。

（4）除非是根据第 23 条第二句规定向患者提供作品，否则由医疗服务提供者进行广播或电视节目的播放时，其费率不得超过费率表中规定的播放广播或电视节目最低费率的 25%，另有约定的除外。

（5）文化部应在其网站上公布现行有效的费率表。

第 98f 条　商议特定费率的程序

（1）集体管理组织有义务在日历年 8 月 31 日前在其网站上公布费率草案及其理由。在此期间，集体管理组织应向代理相关用户的法律实体（如果该法律实体为此目的在集体管理组织处登记，并证明其用户数量达到不可忽略的数量）、根据图书馆法❶代理用户的主体和特别法❷规定的用户及其代表提交费率草案，并邀请他们在费率草案公布后的次月月底前给出意见。在此期间，集体管理组织应通过电子方式将费率草案连同理由一起发给文化部。如果受邀发表评论的个人，或根据第 98 条 a）项或 b）项的规定，为使用特定保护对象和与相关集体管理组织签订合同的用户，或者打算签订此类合同的用户，在规定期限内提出书面异议的，集体管理组织有义务在 2 个月内与其讨论异议的理由。这不影响根据第 53 条及其后续条款以及第 101 条通过调解协商费率表的可能性。如果该人在讨论意见后的 1 个月内未根据第 57 条第（1）款提出调解请求，则该人及其代表的用户不得主张依据第 98d 条第（1）款限制责任。

（2）集体管理组织拟将费率较上一年度提高超过上一年度通货膨胀率的比例的，集体管理组织有义务事先征得文化部的同意。同意程序的当事人是集体管理组织和在适当时间内提出反对提高费率的第（1）款规定的主体。如果提高费率不是基于客观和非歧视性标准，或者未合理参照这些标准，则文

---

❶ 经修订的关于图书馆和公共图书馆信息服务运营条件的第 257/2001 号法令（图书馆法）。

❷ 经修订的关于捷克电视台的第 483/1991 号法令、经修订的关于捷克广播电台的第 484/1991 号法令。

化部应不予同意。在评估是否满足上述标准时，文化部应特别考虑第98e条第（3）款规定的标准。如果集体管理组织未获得文化部的同意，则可以在符合第98e条第（3）款规定的范围内提高费率，但受本款第一句规定的限制。为第一句目的，通货膨胀率是家庭商品和服务消费价格的平均年度指数的增幅，即过去12个月的平均价格水平与再上一年度的12个月的平均值相比的百分比变化。❶

（3）第（1）款规定的人（以下简称"异议人"）及时对费率草案提出书面异议的，视为费率草案未获批准；参照适用于与该异议人相关联或由异议人代表的用户。对于其他用户，如果草案符合第（2）款的规定，则应视为其同意该草案。如果费率草案未按照第（1）款的规定协商，异议人和集体管理组织有权向法院起诉以解决草案中的报酬标准争议。

第6节　管理行使权利的收入及其投资所得

第99条　一般规定

（1）集体管理组织有义务：

a）代表权利人收取行使权利的报酬；

b）以自身名义代表权利人主张非法行使其管理的权利导致的损害赔偿、不当得利返还，以及禁止非法行使其管理的权利，除非权利人自己主张权利（在权利人有权主张的情形下）或由集体管理组织代为主张权利是浪费的；

c）按照会计规则的规定向相关权利人分配、支付行使权利所得及其投资所得；

d）如果集体管理组织将部分权利行使收入及投资所得用于提供社会、文化或教育服务，则应根据公平、透明的标准，确保平等地提供这些服务和服务范围；和

e）创建会计规则并从行使权利的特定收入中创建储备基金。

（2）集体管理组织应当在其账户中设立以下单独账户：

a）权利行使收入和其投资所得；和

b）其自有财产和其投资所得、权利管理费用或其他活动的收入。

（3）集体管理组织不得将权利行使收入或其投资所得用于支付权利人以

---

❶　经修订的关于国家统计局的第89/1995号法令第18条。

外的其他用途，但最高机构根据第 96f 条第（4）款的规定作出决定的，可以将其用于支付权利管理费用。

第 99a 条　投资所得规则

集体管理组织如果将权利执行的收入或者将权利执行收入的投资收益进行投资，应按照投资策略和投资风险管理程序，以集体管理的权利人的最大利益为出发点：

a）在潜在利益冲突的情况下，集体管理组织应确保投资完全符合集体管理的权利人的利益；

b）确保整个投资组合的安全性、质量、流动性和盈利能力；和

c）分配风险以避免过度依赖任何特定资产或在整个投资组合中的累积风险。

第 99b 条　收入扣除

（1）集体管理组织有权从行使权利的收入或其投资所得中扣除或抵扣为履行集体管理而产生并记录在案的费用。费用的多少应根据客观标准确定，且必须与集体管理组织提供的服务相对应。第一句和第二句参照适用集体管理组织根据第 99 条第（1）款 d）项的规定，扣除部分收入用于提供社会、文化和教育服务。

（2）除了支付履行集体管理的费用，集体管理组织不得扣除根据第 97g 条的规定订立的合同行使权利所获得的收入或其投资所得，除非集体管理组织作为该合同的签订方明确同意其他扣除。

第 99c 条　分配和支付收入

（1）分配实施强制集体管理或者延伸集体管理获得的收益及其投资所得时，应只考虑就相同客体或相同类型作品享有权利，且其权利依合同被集体管理或为此目的被登记的权利人，不考虑尚未发表的保护对象。在分配和支付根据第 25 条第（3）款 a）项至 c）项的规定获得的收入时，集体管理组织应考虑第 43 条规定的技术保护措施的使用及其有效性。权利人的权利根据本法被集体管理且已获得报酬的集体管理组织知道该权利人存在但其尚未登记的，集体管理组织应邀请其登记。

（2）集体管理组织应按照会计规则，及时向权利人分配和支付权利行使

收入及其投资所得，最迟不得超过获得该收入的会计周期结束后的 9 个月，除非有客观原因导致集体管理组织无法遵守该时限，尤其是因用户报告、确定权利、寻找权利人或将与作品和其他保护对象有关的信息告知权利人的原因。此规定应参照适用于负责向权利人分配和支付权利行使收入的集体管理组织成员。

（3）集体管理组织应就权利行使收入及其投资所得的使用制定相关规则；如果因无法查明或未找到权利人，且无法在第（2）款规定的期限内分配并支付权利行使收入及其投资所得，则该笔收入应由集体管理组织单独保管。

（4）集体管理组织应采取一切必要措施以确认和寻找第（3）款所述的权利人，特别是核实其成员的现有记录和其他可用记录。在第（2）款所述期限届满后 3 个月内，集体管理组织应以适当的方式向其实施集体管理的权利人以及根据第 97g 条的规定订立合同的集体管理组织提供未找到权利人的作品或其他受保护对象的信息。

（5）第（4）款规定的信息（如果有）应包括：

a）作品或其他受保护对象的名称；

b）权利人的姓名；

c）使用第（3）款所述作品或其他受保护对象的人的信息；和

d）其他有助于寻找权利人的信息。

（6）实施第（4）款、第（5）款规定的措施后仍未找到权利人的，集体管理组织应在第（4）款规定的期限届满后 1 年内，以适当方式公布该权利人的现有信息。

（7）行使第（3）款规定的权利所获得的收入，集体管理组织在取得该收入的会计周期结束 3 年后，或根据 97g 条订立的合同取得该收入 3 年后，仍无法分配或支付该收入，且已按照第（4）款、第（5）款的规定采取了所有必要措施的，由最高机构决定该收入的用途。

第 99d 条

（1）集体管理组织根据第 96a 条规定获得的授权或根据第 97g 条规定签订的合同，从另一集体管理组织获得权利行使收入及其投资所得的，分配和支付该收入应参照适用第 99c 条第（2）款第一句的规定。

（2）集体管理组织从第（1）款规定的其他集体管理组织获得权利行使收入及其投资所得后，应在获得该收入后的 6 个月内，无不当拖延地向相关权利人分配和支付其所得。除非有客观原因导致集体管理组织无法遵守该时限，尤其是因用户报告、确定权利、寻找权利人或将与作品和其他保护对象有关的信息告知权利人的原因。

第 99e 条

（1）根据第 25 条第（3）款 a）项和 c）项的规定收取的报酬：

a）就录音设备和空白录音载体收取的报酬，50% 应归属于作者，另外 50% 由录音制品的表演者和制作者平分；和

b）就录像设备和空白录像载体收取的报酬，60% 应归属于作者（包括但不限于视听作品的导演，文学作品、戏剧和音乐戏剧作品的作者，含有文字以及不含文字的音乐作品的作者，摄影师、建筑师、舞台设计师、服装设计师、艺术总监以及舞蹈和哑剧作品的作者），25% 归属于录像制品制作者，15% 归属于表演者。

（2）根据第 25 条第（3）款 a）项和 c）项的规定收取的报酬，除了上述第（1）款规定的情形，以及根据第 25 条第（3）款 b）项和第（4）款收取的报酬，其中 45% 归属于文学作品作者（包括科学作品和地图作品的作者），15% 归属于美术作品的作者，剩下的 40% 归属于出版作品的出版商。

（3）根据第 37 条第（2）款的规定收取的报酬，其中 75% 归属于文学作品作者（包括科学作品和地图作品的作者），25% 归属于美术作品的作者。

第 7 节　集体管理的透明度

第 99f 条　向公众提供的信息

（1）集体管理组织应公布以下内容，包括但不限于：

a）章程；

b）成员资格条件及终止集体管理授权的条件；

c）示范许可合同；

d）费率；

e）集体管理组织管理人员名单，说明其姓名及职务；

f）会计规则；

g）如果会计规则中没有作出规定，还应公布权利管理成本的平均扣除金额的计算规则；

h）用于除了权利管理成本的其他用途的权利行使收入及其投资所得的扣除额的计算规则；

i）根据第 97g 条规定的与其他集体管理组织签订的协议的清单，以及由集体管理组织拥有的所有权，或其直接或间接地完全或部分控制的实体执行集体管理的协议；

j）根据第 99c 条第（3）款规定的权利行使收入的使用规则；

k）根据第 101 条和第 101h 条规定的争议解决和投诉处理程序；

l）根据第 97c 条第（2）款 b）项规定的由其管理的孤儿作品清单；

m）根据第 98a 条第（3）款规定的有效的集体管理协议清单；

n）共同代表根据第 97h 条规定的获得授权的信息。

（2）集体管理组织应在其网站上公布并及时更新第（1）款所述信息，不得无故拖延。

第 99g 条　年度报告

（1）集体管理组织应根据会计法❶在每年 6 月 30 日前准备好上一个日历年的年度报告。

（2）年度报告必须包含本法附件 3 规定的信息。

（3）集体管理组织应根据审计法❷的规定，让审计师对财务报表和年度报告进行核实。

（4）集体管理组织应在其最高机构审核通过后，在其网站上及时公布年度报告，最迟不得晚于当年的 8 月 31 日，并在网站上保存 5 年。

第 99h 条　向其他集体管理组织提供的信息

集体管理组织应通过电子方式，每年向其代为管理权利的其他集体管理组织提供上一个日历年的以下相关信息：

a）根据第 97g 条规定订立的合同收取的权利行使收入的总数以及支付给相关集体管理组织的金额，应根据权利的类别和使用方式分类；

b）根据 a）项所述收入中尚未支付给相关集体管理组织的收入金额；

c）扣除的权利管理费用；

---

❶　经修订的关于会计的第 563/1991 号法令第 21 条。
❷　经修订的关于审计师和其他法律修正案的第 93/2009 号法令（审计法）。

d）其他的扣除费用及其扣除目的；

e）根据第97g条规定订立的合同适用的保护对象目录的授权次数，按照管理权利的类别划分；

f）与根据第97g条规定订立的合同有关的最高机构作出的决定。

第99i条 向文化部提供的信息

集体管理组织应该：

a）无不当延迟地通知文化部第96条第（2）款a）项所述信息的变化。

b）向文化部提供：

1. 在签约后的15天内，其签订的集体管理协议；

2. 在签约后的15天内，其根据第97g条第（1）款规定签订的合同；和

3. 在签约后的15天内，其根据第103条第（2）款规定签订的合同。

c）无不当延迟地通知文化部其根据第101条规定提交的调解请求。

d）将集体管理组织作为当事人且将对其活动具有重要性的司法或行政决定告知文化部，并向其提供该决定的复制件。

e）在费率生效后的15天内，通过电子方式将费率发送给文化部。

f）应文化部要求，通过电子方式向其发送：

1. 集体管理组织的成员名单；

2. 根据第97c条规定记录的名单。

第99j条 根据请求提供的信息

（1）基于合理的请求，集体管理组织应无不当延迟地通过电子方式向权利人、用户或根据第97g条规定订立合同的集体管理组织提供：

a）其管理的保护对象目录，如果保护对象因数量太多无法单独列出，则按类型列出这些对象；

b）直接管理或根据第97g条规定订立的合同管理的权利及领域；和

c）是否以及在多大程度上对特定权利人的权利进行集体管理。

（2）就提供信息而言，集体管理组织有权收取制作复制件、提供技术数据载体和向申请人发送信息的费用，集体管理组织也有权报销大范围信息搜索的费用。

（3）集体管理组织要求支付信息提供费用的，应当在提供信息前书面通知申请人并告知应付数额。通知还应说明收费的事实依据及计算方式。

（4）集体管理组织未按照第（3）款的规定告知申请人的，无权获得费用补偿。

第8节　在线使用音乐作品的多国许可

第100条

在线使用音乐作品权利的多国许可是指授予在一个以上的欧盟或欧洲经济区成员国，在提供在线服务所需的范围内，根据第13条规定的复制以及第18条规定的向公众传播的方式使用音乐作品的作者权利，如果是带歌词的音乐作品，也包括歌词作者的权利。

第100a条　获得许可的资格

符合以下条件的，集体管理组织可以根据第100条规定的授予许可：

a）除非另有规定，已被授权对音乐作品的相关权利行使集体管理；

b）能够列出其管理权利的音乐作品；

c）能够列出其在各国管理的音乐作品（或其一部分）的权利及权利人；

d）使用唯一的识别码来指示音乐作品和权利人，并尽可能考虑行业规则；和

e）发现和解决与根据第100条规定提供许可的另一集体管理组织的数据差异。

第100b条　集体管理组织之间的许可合同

（1）集体管理组织委托另一集体管理组织根据第100条规定授权其管理的音乐作品的，只能签订非排他性合同。被授权的集体管理组织有义务以非歧视的方式，按照与其管理的受保护项目同等的条件，管理委托的保护项目。

（2）第（1）款所述合同应规定第100条规定的许可的授予条件，包括使用方式、许可费、许可期限、许可领域范围以及计费日期。

（3）集体管理组织应告知权利人根据第（1）款规定订立的合同的条款的信息，包括合同期限及服务成本。

第100c条　根据请求授予许可的义务

（1）如果集体管理组织未根据第100条的规定为其管理的音乐作品提供

许可，应根据第100b条的规定以书面形式请求另一集体管理组织代为授予许可。如果后者已经为其他集体管理组织代为提供此类许可，则其必须同意该请求。如果该组织不能达成此类协议，应无不当延迟地立即通知发出邀约的集体管理组织。

（2）根据第（1）款的规定获得授权的集体管理组织，应在提交给在线服务提供商的所有报价中列出向其授权的集体管理组织的受保护项目。

（3）根据第（1）款的规定授权另一集体管理组织签订协议的，授权组织应向获得授权的集体管理组织提供根据第100条的规定授予许可所必需的受保护项目的信息。如果信息不充足或使获得授权的组织无法遵守本节规定的要求，则获得授权的集体管理组织有权：

a）排除缺乏相关信息的作品；或

b）扣除因获取必要信息而产生的合理费用。

第100d条　通知义务

（1）根据第100条的规定提供许可的集体管理组织，应根据正当请求并通过电子方式，向权利人、在线服务提供商和其他集体管理组织提供能够识别其管理的在线音乐作品的信息。该信息应包括：

a）其管理的音乐作品；

b）其管理的权利；和

c）授予许可的国家范围。

（2）权利人、在线服务提供商和其他集体管理组织通知集体管理组织根据上述第（1）款和第100a条b）项至d）项提供的数据或信息有误的，集体管理组织应无不当延迟地更正该数据或信息。

（3）集体管理组织应当通过电子方式，向其管理的音乐作品的权利人以及根据第100条的规定委托其管理的集体管理组织，提供有关其音乐作品的信息，包括作品的权利、授权的国家范围，提供的信息应尽可能符合行业规则。

（4）为保护个人信息或商业秘密，集体管理组织可以拒绝提供信息。

第100e条　提供使用及计费信息

（1）集体管理组织根据第100条的规定许可在线服务提供商在线使用其管理的音乐作品的，有义务监督对音乐作品的使用。

（2）在线服务提供商应至少每年一次向相关集体管理组织提供上一个日历年在线使用音乐作品的信息。集体管理组织应允许在线服务提供商通过电子方式提交，并至少提供一种参考行业规则的电子数据提交方法。集体管理组织可以拒绝在线服务提供商以受保护格式提交的报告。

（3）集体管理组织应在收到根据第（2）款规定的信息后，立即向在线服务提供商开具发票，除非由于在线服务提供商的原因无法提供。集体管理组织应当以电子方式开具发票，并采用符合行业规则的技术格式。发票必须包含与所提供信息相对应的内容。只要集体管理组织开具的发票的技术格式符合行业规则，则在线服务提供商不能因技术格式拒绝该发票。

（4）集体管理组织应设立允许在线服务提供商质疑发票真实的程序，包括提供商因在线使用同一音乐作品而从多个集体管理组织收到发票的情形。

第 100f 条　支付权利行使收入

（1）根据第 100 条的规定提供许可的集体管理组织应在收到在线使用音乐作品的信息，且在线服务提供商支付相关账单后，准确并无不当拖延地分配权利行使收入。

（2）集体管理组织应当向权利人提供根据第（1）款的规定支付的每笔款项的以下信息：

a）权利人获得这些收入的使用发生的期间以及使用发生的国家；

b）集体管理组织根据合同管理权利的每部音乐作品的权利行使收入、扣除金额和分配金额，并注明相关的在线服务提供商。

（3）如果集体管理组织根据第 100b 条的规定授权其他集体管理组织授予第 100 条规定的许可，则上述第（1）款和第（2）款规定的义务应参照适用于后者。除非集体管理组织之间另有约定，前者负责随后的收入分配并将从后者处收到的信息提供给权利人。

第 100g 条　广播电台和电视台例外

如果符合竞争规则，则本节的规定不适用于根据第 100 条的规定向广播电台或电视台提供许可，以便在其广播中使用音乐作品❶，并根据第 21 条第

---

❶　第 231/2001 号法令第 12 条第（3）款 c）项，经第 132/2010 号法令修订。

（4）款的规定向公众传播，或在付费视听媒体服务❶或其制作的其他内容中提供，包括作为广播节目补充❷的预告。

第9节 纠纷解决程序

第101条 使用调解

为了谈判集体协议、共同协议和第97g条规定的合同，协商费率或解决集体管理实施过程中的纠纷利益相关方可以使用文化部名单上的一个或多个调解员。

第101a条至第101f条 已废止

第101g条 集体管理组织处理的投诉

（1）章程应规定处理成员和其他权利人以及集体管理者的书面投诉的程序，特别是与授权执行集体管理、终止此类授权、终止集体管理合同或仅撤销某些权利的管理、会员资格条件、权利持有人应得报酬的收取、收入扣减和分配等事项有关的程序。

（2）集体管理组织应无不当延迟地以书面形式处理第（1）款所述的投诉。如果集体管理组织驳回该投诉，应说明理由。

第5章 监督集体管理组织

第102条

（1）文化部监督集体管理执行和集体管理组织根据本法履行义务的情况。

（2）在根据第（1）款的规定进行监督时，除了根据检查法规行使一般检查❸，文化部还有权：

a）参加集体管理组织最高机构的会议；

b）规定对违反本法的行为的补救义务，并设定履行的合理期限。

（3）在竞争保护法不受著作权法约束的范围内，文化部的监督不影响竞

---

❶ 经修订的关于视听媒体点播服务和其他法律修正案的第132/2010号法令（视听媒体点播服务法）第2条第（1）款a）项。

❷ 经修订的第231/2001号法令第2条第（1）款j）项。

❸ 关于检查的第255/2012号法令（检查法规）。

争保护办公室根据竞争保护法❶进行监督。

第102a 条　跨境监管合作

（1）文化部有权要求欧盟或欧洲经济区另一成员国的集体管理主管监督机构（以下简称"监督机构"），提供在捷克设立的集体管理组织在该国领土内进行集体管理活动的相关信息。

（2）如果在欧盟或欧洲经济区另一成员国设立的集体管理组织在捷克进行集体管理，文化部应毫不延迟地向其监督机构提供有关的活动信息；

（3）如果文化部认为在欧盟或欧洲经济区另一成员国设立的集体管理组织在捷克进行集体管理不符合该国的法律，则该部有权将所有相关数据转发给该国的监督机构，并要求其在职权范围内采取适当措施。

（4）在捷克成立的集体管理组织在另一欧盟或欧洲经济区成员国领土内进行集体管理的，如果该国的监督机构合理地认为该集体管理组织违反了本法规定的义务，文化部应在 3 个月内响应该国监督机构的请求，监督集体管组织采取适当的措施。

第6章　授权行使孤儿作品及其他孤儿客体的权利

第103 条

（1）在对孤儿作品进行集体管理时，如果没有说明，应视为孤儿作品的拥有者已授权出版该孤儿作品以及在向公众提供该作品时不提及孤儿作品的作者。

（2）如果多个集体管理组织就同类型作品实施集体管理，且集体管理组织之间没有达成书面合同或使用第 101 条规定的程序，文化部应决定由哪个集体管理组织对孤儿作品进行集体管理。在作出第一句所述的决定时，文化部应特别考虑集体管理组织根据行使集体管理的授权管理哪些权利，以及其是否符合提供第（1）款、第（3）款和第（4）款规定的程序的先决条件。

（3）孤儿作品的使用许可合同由相关集体管理组织与用户签订。用户应证明通过彻底搜索，仍未确定或未找到该作品的权利人。该合同仅可授权不超过 5 年的在捷克境内使用孤儿作品的权利，该合同可以重复订立。

---

❶　经修订的关于保护竞争和其他法律修正案的第 143/2001 号法令（保护竞争法）。

（4）因使用孤儿作品收取的报酬和可能返还的不当得利应由集体管理组织在其账户中单独保存，期限为自收取之日起 3 年。如果相关孤儿作品的孤儿状态在此期间终止，集体管理组织应向权利人支付这些报酬及收入。

（5）第（3）款所述的报酬及收入根据本法规定无法支付的，应归属于捷克国家文化基金。如果是孤儿视听作品，则应归属于国家摄影基金；集体管理组织必须在第（4）款所述期限届满后 15 天内将这些资金转入相关国家基金账户。

（6）孤儿作品权利人的确定及寻找不影响第（3）款规定的合同的有效性。

（7）为孤儿作品的权利人进行集体管理时应参照适用第 4 编的规定。

（8）第（1）款至第（7）款不适用于计算机程序，但应参照适用于录制的表演和录音录像制品。

第 7 章 独立权利管理人

第 104 条

独立权利管理人是指主要活动为商业或其他营利活动的法律实体，根据合同被授权代表多个权利人管理其著作权或邻接权，并以权利人的共同利益为其唯一或主要目的；独立权利管理人不由其代为管理权利的权利人所有或控制。

第 104a 条

（1）第 97b 条，第 98 条第（2）款和第（8）款，第 98a 条，第 99f 条第（1）款 a）项至 d）项、f）项至 h）项，第 99j 条，第 102 条以及第 102a 条的规定应参照适用于独立权利管理人。

（2）独立权利管理人有义务在收到根据第 104b 条第（3）款分配的登记编号信息后的 15 天内，向管理同一保护对象的相同权利的集体管理组织提供权利持有人和保护对象的清单，对于作品而言，还需提供相同类型作品的清单，并证明对这些权利的管理情况。根据第一句提供清单和证明管理的行为，一经交付给相应的集体管理组织，应被视为其权利由独立的权利管理人管理的所有权利持有人，除了根据第 97e 条排除集体协议效力的意愿表达。第（3）款第二句和最后一句将类推适用。

（3）独立权利管理人有责任书面通知对同一保护对象进行集体管理的集

体管理组织，尤其是作品的情况下，任何在根据第（2）款向集体管理组织提供的清单中发生的变更。除非集体管理组织和独立权利管理人另有约定，信息的范围和技术格式以及独立的权利管理人必须向集体管理组织提供信息的期限将由集体管理组织确定。在决定提供此信息的技术格式时，集体管理组织和独立权利管理人应尽可能地考虑行业规则。

第104b条　独立权利管理人名单

（1）文化部应保存一份独立权利管理人名单。

（2）有意从事独立权利管理人业务的法律实体应注册并最晚在该业务开始前30天向文化部提交书面通知，必须符合行政程序法的一般要求及以下要求：

a）说明法定机构每个成员的姓名、住所或注册办事处的地址，以及关于该机构代表法律实体的方式，如果此类数据无法从公共管理信息系统获得；

b）说明独立权利管理人管理的权利；

c）说明b）项所指权利的客体，如果是作品，则说明作品性质。

（3）文化部应将第（1）款提及的人列入独立权利管理人名单，并应在通知送达之日起15天内，将分配到的注册号告知独立权利管理人。

（4）独立权利管理人应在注册信息变更、独立权利管理人的活动中断或终止之日起15天内，以书面形式通知文化部。

（5）任何人均有权查阅独立权利管理人名单并摘录或复制。

第5编　并行保护

第105条

邻接权或数据库制作者的权利不应影响作者的著作权。对作品的著作权保护不排除专门法提供的保护。

第6编　违法行为

第105a条　自然人的违法行为

（1）自然人的以下行为构成违法：

a）未经授权使用作者的作品、艺术表演、录音录像制品、广播、电视、印刷出版物或数据库作品；

b）以第43条第（1）款、第（2）款，或第44条第（1）款规定的方式

不正当地干预著作权；或

c）作为参与艺术品原件销售的交易者，未根据第 24 条第（6）款的规定履行通知义务。

（2）对于第（1）款 a）项规定的违法行为，最高可处以 15 万捷克克朗的罚款，而对于第（1）款 b）项或 c）项规定的违法行为，最高可处以 10 万捷克克朗的罚款。

第 105b 条　法律实体或个体经营者的违法行为

（1）法律实体或个体经营者的以下行为构成违法：

a）未经授权使用作者的艺术表演、录音录像制品、广播、电视或数据库作品；

b）以第 43 条第（1）款、第（2）款，或第 44 条第（1）款规定的方式不正当地干预著作权；

c）作为参与艺术品原件销售的交易者，未根据第 24 条第（6）款的规定履行通知义务；

d）未根据第 96a 条规定的授权而进行集体管理；

e）未根据第 101f 条第（2）款将事实通知文化部；

f）打算或正在从事独立权利管理人活动的，未根据第 104b 条第（2）款的规定进行注册；

g）作为信息社会服务提供商❶，不授予根据第 87b 条第（9）款行使印刷出版物使用权的许可，或违反第 87b 条第（14）款规定的义务；或

h）作为信息社会服务提供商❷或印刷出版物的出版商，未根据第 87b 条第（11）款提供信息。

（2）对于第（1）款 d）项规定的违法行为，最高可处以 500000 捷克克朗的罚款；对于第（1）款 a）项或 f）项规定的违法行为，最高可处以 150000 捷克克朗的罚款；对于第（1）款 b）项或 c）项规定的违法行为，最高可处以 100000 捷克克朗的罚款；对于第（1）款 e）项规定的违法行为，最高可处以 50000 捷克克朗的罚款。

---

❶❷　经修订的关于某些信息社会服务和其他法律修正案的第 480/2004 号法令（信息社会服务法）。

第 105ba 条　集体管理组织的违法行为

（1）集体管理组织的以下行为构成违法：

a）未遵守第 97a 条履行对权利人的义务；

b）未遵守第 97b 条、第 99f 条、第 99h 条、第 99i 条、第 99j 条或第 100d 条履行信息提供义务；

c）未遵守第 97h 条第（2）款委托共同代表；

d）未遵守第 98 条规定的与用户签订合同的程序；

e）未遵守第 98f 条规定的费率协商程序；

f）未遵守第 99 条至第 99e 条管理行使权利所得或其投资所得；

g）未遵守第 99g 条第（1）款准备年度报告；

h）未遵守第 99g 条第（2）款在年度报告中包含必要信息；

i）未遵守第 99g 条第（3）款让审计师核实年度报告；

j）未遵守第 99g 条第（4）款在规定期限内以规定方式发布年度报告；

k）未遵守第 100c 条第（1）款拒绝签订许可合同；

l）未遵守第 100e 条提供使用信息和账单信息；

m）未遵守第 100f 条第（1）款分配权利行使收入；

n）未履行根据第 102 条第（2）款 b）项发布的补救措施规定的义务；或

o）违反授权进行集体管理。

（2）对于第（1）款规定的违法行为，最高可处以下罚款：

a）对于 b）项或 g）项至 j）项规定的违法行为，最高可处以 10 万捷克克朗的罚款；

b）对 c）项至 e）项、k）项至 m）项或 o）项规定的违法行为，最高可处以 25 万捷克克朗的罚款；

c）对 a）项、f）项或 n）项规定的侵权，最高可处以 50 万捷克克朗的罚款。

第 105bb 条　独立权利管理人的违法行为

（1）独立权利管理人的以下行为构成违法：

a）未履行第 104b 条第（4）款、第（5）款规定的通知义务；

b）未履行第 97b 条、第 99f 条第（1）款 a）项至 c）项、f）项至 h）项或第 99j 条规定的信息提供义务；或

c）未履行根据第 102 条第（2）款 b）项发布的补救措施规定的义务。

（2）对于第（1）款 a）项或 b）项规定的违法行为，最高可处以 10 万捷克克朗的罚款；对于第（1）款 c）项规定的违法行为，最高可处以 50 万捷克克朗的罚款。

第 105c 条　关于违法行为的共同规定

（1）以下部门负责处理相关违法行为：

a）在委托权限内，具有扩展权限的市政办公室负责处理在其辖区内发生的第 105a 条第（1）款及第 105b 条第（1）款 a）项至 c）项规定的违法行为；

b）文化部负责处理第 105b 条第（1）款 d）项至 f）项、第 105ba 条第（1）款以及第 105bb 条第（1）款规定的违法行为。

（2）罚款应由处以罚款的部门征收和执行。文化部征收的罚款是捷克国家文化基金的收入。

第 105d 条

文化部应在决定生效后的 1 个月内，在其网站上公布根据第 102 条第（2）款 b）项、第 105b 条第（1）款 f）项、第 105ba 条以及第 105bb 条发布的决定，公布期限为 3 年，公布的决定内容不得包含除违法人之外的其他个人识别信息。

第 7 编　过渡规定及最终规定

第 106 条　过渡条款

（1）本法适用于本法生效之日起建立的法律关系。本法生效前建立的法律关系以及由此产生的权利义务，以及因在本法实施前缔结的合同的违约所产生的权利，应适用当时的规定。

（2）在本法生效前开始计算的期间，应按照当时的法律规定进行计算，根据第（1）款适用当时法律规定的权利行使期限，即使该法规定的起算日期在本法生效日期之后，仍旧适用当时法律规定的权利期限。

（3）财产权的保护期由本法规定，包括在本法生效前已经起算的期间。如果这些权利的保护期在本法生效前已到期，但根据本法的规定将延续的，则该权利保护期自本法生效之日起延长至本法规定的剩余保护期。对根据本

法规定重新延长财产权保护期的作品，在本法生效前合法进行的复制，可以在本法生效后的 2 年内继续自由传播。

（4）依照本法规定，应当保护此前尚未保护的客体［第 1 条 b）项 3 目、第 5 目、第 6 目以及第 2 条第（2）款］或权利内容。国家电影档案馆❶应被视为 1950 年 1 月 1 日至 1964 年 12 月 31 日出版的视听作品的录像制品的制作者。国家电影基金会应被视为 1965 年 1 月 1 日至 1991 年 12 月 31 日出版的视听作品的录像制品的制作者，国家电影基金会根据特别法的规定❷，行使作品的著作权。

（5）第（4）款的规定不影响国家电影档案馆管理视听作品原始记录载体的权利。

（6）第 88 条规定的数据库作品应参照适用第（4）款第一句的规定，但仅限于最早在本法生效前 15 年形成的数据库。

（7）根据此前法律授权实施集体管理的，应视为依照本法规定经授权执行的集体管理。文化部应根据本法规定决定此类授权的内容和范围，并在本法生效之日起 90 日内向有关人员重新授权。

（8）本法生效前开始的行政程序，应当按照本法规定予以终止。

第 107 条　最终条款

（1）本法适用于拥有捷克公民身份的作品的作者和艺术表演的表演者，无论这些作品或表演的创作和公开地点。

（2）如果对捷克具有约束力的国际条约和捷克法律汇编有相关规定或他国承诺给予的互惠待遇，本法可适用于外国国民和无国籍人员的作品和表演。

（3）如果不符合第（2）款规定的条件，本法也可适用于在捷克境内首次公开发表其作品或表演的非捷克公民，或居住在捷克境内的作者或表演者。

（4）外国公民作品的保护期不得长于其本国对该作品的保护期。❸

---

❶　经修订的关于视听作品的制作、发行和存档的若干条件和其他法律法规的第 273/1993 号法令第 6 条。

❷　第 241/1992 号法令，经第 273/1993 号法令修订；第 273/1993 号法令第 14 条。

❸　《保护文学和艺术作品伯尔尼公约》第 5 条第（4）款，1886 年 9 月 9 日签署，1896 年 5 月 4 日在法国巴黎修订，1908 年 11 月 13 日在德国柏林修订，1914 年 3 月 20 日在瑞士伯尔尼修订，1928 年 6 月 2 日在意大利罗马修订，1948 年 6 月 26 日在比利时布鲁塞尔修订，1967 年 7 月 14 日在瑞典斯德哥尔摩修订，以及 1971 年 7 月 24 日在法国巴黎修订，经第 133/1980 号法令发布。

（5）本法规定适用于在捷克境内有住所或注册办事处的录音制品制作者的录音制品；若能参照适用第（2）款和第（3）款的规定，则本法规定同样适用于外国录音制品制作者的录音制品。

（6）录像制品、广播和电视作品、根据第28条第（2）款规定出版的免费作品、出版者根据第87条规定出版的作品，以及第88条规定的数据库，应参照适用第（5）款的规定。

第2部分　对财产评估法的修改

第108条

（关于财产评估和其他法律修正案的）第151/1997号法令（财产评估法），修订如下：

1. 在第17条标题中的"知识"后增加逗号，并增加"与著作权有关的某些财产权和数据库制作者的权利"。

2. 在第17条第（1）款中，在"专有技术"后插入逗号，并插入包括脚注17a）在内的"与著作邻接权有关的财产权，但不包括表演者权，以及数据库制作者的财产权[17a]"；

"17a）关于著作权及其邻接权和其他法律修正案的第121/2000号法令（著作权法）。"

3. 在第17条第（3）款a）项的末尾［即"b）项"后］，增加"c）项或d）项"。

4. 将第17条第（3）款结尾的句号改为逗号，并增加c）项和d）项，内容如下：

"c）对于相关的著作权相关权利，如果a）项所述的年数无法确定，则为该权利的50年保护期结束前剩余的年数；和

"d）对于数据库制作者的权利，如果a）项所述的年数无法确定，则为该权利的15年保护期结束前剩余的年数。"

5. 在第17条中，增加第（5）款，内容如下：

"（5）不可转让的著作财产权和表演者的财产权不应被评估。"

第 3 部分　已废止

第 109 条　已废止

第 4 部分　已废止

第 110 条　已废止

第 5 部分　对商业许可法的修改

第 111 条

关于商业许可的第 455/1991 号法令（商业许可法）的第 3 条第（1）款，经第 591/1992 号法令、第 600/1992 号法令、第 273/1993 号法令、第 303/1993 号法令、第 200/1994 号法令、第 237/1995 号法令、第 286/1995 号法令和第 356/1999 号法令修订，在第 3 条第（1）款后面增加 b）项和 c）项，包括脚注 2）和 2a），内容如下：

"b）对受特别法、其发起者或作者保护的智力创造活动成果的利用；[2]

"c）根据特别法规定对著作权及其邻接权进行集体管理。[2a]

"2）关于发明、工业品外观设计和改进建议的第 527/1990 号法令，经第 519/1991 号法令修订。

"关于著作权及其邻接权和其他法律修正案的第 121/2000 号法令（著作权法）。

"关于半导体元件拓扑的保护的第 529/1991 号法令，经第 116/2000 号法令修订。

"关于实用新型的第 478/1992 号法令，经第 116/2000 号法令修订。

"2a）第 121/2000 号法令。"

第6部分　对所得税法的修改

第112条

关于所得税的第586/1992号法令经第96/1993号法令、第157/1993号法令、第196/1993号法令、第323/1993号法令、第259/1994号法令、第118/1995号法令、第149/1995号法令、第316/1996号法令、第209/1997号法令、第210/1997号法令、第111/1998号法令、第149/1998号法令、第168/1998号法令、第333/1998号法令、第63/1999号法令、第144/1999号法令、第225/1999号法令、宪法法院第3/2000号判决和第103/2000号法令修改，将第4条第（1）款zd）项后面的句号替换为逗号，并增加ze）项，包括脚注64a），内容如下：

"ze）特别法[64a]规定的法定复制和通常数量的著作权复制产生的收入，因使用著作权客体或与其邻接权客体而产生的收入。

"64a）关于非定期出版物的第37/1995号法令。

"关于图书馆的统一系统的第53/1959号法令，经第425/1990号法令修订。

"关于著作权及其邻接权和其他法律修正案的第121/2000号法令（著作权法）。"

第7部分　已废止

第113条　已废止

第8部分　对著作权及其邻接权集体管理法的修改

第114条

关于著作权及其邻接权的集体管理和其他法律修正案的第237/1995号法令的第1部分已废止。

第 9 部分　已废止

第 115 条　已废止

第 10 部分　对广播和电视作品运营法的修改

第 116 条

关于广播和电视作品的运营的第 468/1991 号法令，经第 597/1992 号法令、第 36/1993 号法令、第 253/1994 号法令、第 40/1995 号法令、第 237/1995 号法令、第 301/1995 号法令、第 135/1997 号法令和第 46/2000 号法令修订，第 26 条被废止。

第 11 部分　废止的法律

第 117 条

本条废止以下法律：

1. 关于文学、科学与艺术作品的第 35/1965 号法令（著作权法）。

2. 修订及补充关于文学、科学与艺术作品的第 35/1965 号法令（著作权法）的第 89/1990 号法令。

3. 修订及补充经第 89/1990 号法令、第 468/1991 号法令、第 318/1993 号法令和第 237/1995 号法令修订的关于文学、科学与艺术作品的第 35/1965 号法令（著作权法）的第 86/1996 号法令。

第 12 部分　生　　效

第 118 条

本法自 2000 年 12 月 1 日起生效。

附件1 转售艺术作品原件、为个人使用复制作品以及出租作品的费用表

1. 第24条第（6）款所述人员在捷克境内转售艺术作品原件的，应当向经授权的相关集体管理组织支付报酬。费率应为：

a）购买价格不超过50000欧元的部分的4%；

b）购买价格超过50000欧元低于200000欧元的部分的3%；

c）购买价格超过200000欧元低于350000欧元的部分的1%；

d）购买价格超过350000欧元低于500000欧元的部分的0.5%；

e）购买价格超过500000欧元的部分的0.25%。

但报酬总额不应超过12500欧元。

2. 第25条第（2）款a）项或d）项所述人员中，在捷克境内有注册办公室或永久居所的，或在相关年份连续或在数个期间内在捷克境内居住天数不少于183天的个人（视属何情况而定），均应每年向经授权收取该费用的集体管理组织支付两次报酬。

3. 进口、接收或首次出售专用于录音录像制品的复制装置的一次性费率为该设备销售价格的3%，无论该设备是仅用于录制声音或图像、同时记录声音和图像或其他任何录制方式。对于能够录制广播或电视作品的广播接收器，报酬应为其销售价格的1.5%。

4. 第25条第（2）款b）项或d）项所述人员中，在捷克境内有注册办公室或永久居所的，或在相关年份连续或在数个期间内在捷克境内居住天数不少于183天的个人（视属何情况而定），均应每年向经授权收取该费用的集体管理组织支付两次报酬。

5. 第25条第（2）款e）项所述人员，依照本法第25条第（5）款的规定，应每年向经授权收取该报酬的集体管理组织支付一次报酬。

6. 一份作品的印刷复印件的报酬应为：

a）黑白复印件每页0.20捷克克朗；

b）彩色复印件每页0.40捷克克朗。

7. 复制服务提供商制作印刷复制件的合理数量如下：

a）当在图书馆、博物馆、画廊、学校及其他教育场所复制：有偿复制服务提供商制作复制品总数的70%；

b）当在档案馆、政府机关和领土自治部门办公室以及其他复制服务提供者的场所复制：有偿复制服务提供商制作复制品总数的 20%。

8. 第 25 条第（2）款 c）项或 d）项所述人员，其注册办公室或营业地点，或暂时或永久居住地在捷克境内的，或在相关年份连续或在数个期间内在捷克境内居住天数不少于 183 天的居民（视属何情况而定），均应每年向被授权向其收取此种报酬的集体权利管理权限的集体管理组织支付两次报酬。

9. 对于第 37 条第（1）款所述人员，第 37 条第（2）款规定的报酬由政府每年向有关集体管理组织支付。

10. 每次出借作品的报酬应为 170 捷克克朗。

附件 2　为确定孤儿作品或其他孤儿保护客体的作者、其他权利人或其住所必须充分检索的信息源列表

第 27b 条第（3）款规定的信息源列表是指：

1. 就已发行的非定期出版物而言：

a）国家图书馆、国家档案馆、外国图书馆或类似重要机构的目录；

b）相关国家出版社和作者协会的资源；

c）作家、艺术家及其著作权持有人（WATCH）和国际标准书号（ISBN）的现有数据库、登记册以及已出版书籍的数据库；

d）相关集体管理组织的登记簿，特别是管理复制权的集体管理组织；

e）连接数据库和登记簿的资源，包括虚拟国际规范文档（VIAF）和权利信息与孤儿作品公开登记处（ARROW）；

f）由捷克国家文化基金会记录的、财产权已被国家继承或归国家所有的作者名单；

g）已发行的非定期出版物的标题和其他信息；

h）强制性复制件。

2. 就定期出版物而言：

a）国家图书馆、国家档案馆、外国图书馆或类似重要机构的目录；

b）ISBN 的登记簿；

c）相关国家出版社、作者和记者协会的资源；

d）相关集体管理组织的登记簿，特别是管理复制权的集体管理组织；

e）由捷克国家文化基金会记录的、财产权已被国家继承或归国家所有的

作者名单；

f）期刊的标题和其他信息；

g）强制性复制件。

3. 就艺术作品而言，包括摄影作品、实用艺术作品和建筑作品以及其他包含在书籍、专业期刊、报纸或其他期刊中的艺术作品：

a）第（1）款和第（2）款提到的资源；

b）相关集体管理组织的登记簿，特别是管理艺术作品作者权利的集体管理组织，包括管理复制权的集体管理组织；

c）图片数据库；

d）由捷克国家文化基金会记录的、财产权已被国家继承或归国家所有的作者名单；

e）作品或作品封面上的标题和其他信息。

4. 就视听作品、录音录像制品而言：

a）国家电影档案馆、国家档案馆或类似重要外国机构的目录和强制性档案复制件；

b）在相关国家设立的视听作品和录音制品制作者协会的资源；

c）电影或录音遗产机构和国家图书馆的数据库；

d）具有相关标准和识别符［例如国际视听作品编码（ISAN）、国际音乐作品编码（ISWC）和国际音像制品编码（ISRC）］的数据库；

e）相关集体管理组织的登记簿，特别是管理作者、表演者、录音录像制品制作者的集体管理组织；

f）代表某些类别权利人的其他重要协会的数据库；

g）由捷克国家文化基金会记录的、财产权已被国家继承或归国家所有的作者名单；

h）作品封面上的说明和其他信息。

附件 3　第 99g 条第（2）款规定的年度报告中的必要信息

1. 基本信息：

a）符合会计法的财务报表和现金流量表；

b）会计周期的活动报告；

c）根据第 98 条第（1）款的规定拒绝授予许可的信息；

d）集体管理组织的法律形式和管理制度的说明；

e）集体管理组织拥有所有权，或直接或间接控制其全部或部分所有权的个体的信息；

f）上一年支付给集体管理组织控制人和管理人员的薪酬和其他福利的信息；

g）本附件第 2 条规定的信息；

h）为提供社会、文化和教育服务而扣除的金额的使用情况的特别报告，其中应包括本附件第 3 条规定的信息。

2. 财务信息：

a）按管理的权利类别和使用方式划分的权利行使收入总额的信息，包括权利行使收入的投资所得及其使用信息。

b）集体管理组织向权利人提供的权利管理和其他服务的信息，应至少包括：

（1）按管理的权利类别细分的运营和财务成本，对于不能分摊到一个或多个类别的间接成本，应解释用于分配这些间接成本的方法；

（2）按管理的权利类别细分的运营和财务成本，对于不能分摊到一个或多个类别的间接成本，应说明仅与权利管理相关的间接成本的分摊方法，包括从权利行使收入或其投资所得中扣除的权利管理费用的报销；

（3）与权利管理以外的服务相关的运营和财务成本，但包括为提供社会、文化和教育服务而抵扣的收入金额；

（4）用于支付权利管理费用的资源；

（5）从行使权利的收入中按类别扣除的费用，并按管理的权利类别、使用方法和扣除目的进行分类；

（6）集体管理组织向权利人提供的权利管理和其他服务的成本，及其占相关会计期间行使权利的收入的百分比，按管理的权利类别分列，如果间接成本不能归入一个或多个类别，应说明用于分配这些间接成本的方法。

c）应付给权利人的款项的财务信息，应至少包括：

（1）分配给权利人的总收入，按权利类别和使用方式划分；

（2）支付给权利人的总收入，按权利类别和使用方式划分；

（3）支付频率，按权利类别和使用方式划分；

（4）相关权利人之间分配前的权利行使总收入，已分配但尚未支付给权利人的总收入，按权利类别和使用方式划分，并说明收到这些费用的会计周期；

（5）已收取但尚未分配给权利人的收入总数，按所管理的权利类别和用途分列，并说明收取这些金额的会计周期；

（6）如果集体管理组织没有在第 99c 条第（2）款中规定的期限内进行分配和支付，则应说明延迟的原因；

（7）未分配收入的总金额，以及对这些收入的用途的解释。

d）与其他集体管理组织的关系的信息，应至少包括：

（1）从其他集体管理组织那里收到的款项数额和支付给其他集体管理组织的金额，并按权利类别和集体管理组织来划分；

（2）支付给其他集体管理组织的权利管理费用和其他行使权利的扣除金额，并按权利类别和集体管理组织来划分；

（3）支付给其他集体管理组织的权利管理费用和从其他集体管理组织支付的扣除的金额其他款项，并按权利类别和集体管理组织划分；

（4）其他集体管理组织直接分配给权利人的金额，并按权利类别和集体管理组织划分。

3. 附加信息：

a）在特定会计周期中，为提供社会、文化和教育服务而扣除的金额，按目的细分，并在每个目的项下，按照管理的权利类别进一步划分；

b）上述 a）项提及的金额的使用信息，并按照使用目的的划分。

修正案的部分条款

第 216/2006 号法令第 2 条　过渡和最终条款

1. 对于以欧元表示的金额，应使用捷克国家银行在转让协议签订之日公布的汇率。

2. 根据第 121/2000 号法令第 77 条的规定，在本法生效前有效的录音制品制作者的权利期限，即使在本法生效前已经开始运行，也应受本法的约束。如果根据第 121/2000 号法令第 77 条的规定，在本法生效前有效的录音制品制作者的权利在 2002 年 12 月 22 日至本法生效之日期间已经过期，该权利的保护期应在本法生效之日根据第 121/2000 号法令第 77 条的规定在剩余期限内延长，从本法生效之日起生效。

3. 捷克电视台应被视为 1950 年 1 月 1 日至 1992 年 12 月 31 日出版的视听作品的音像制品的制作者，捷克电视台根据关于广播和电视广播领域某些措

施的第 36/1993 号法令对该作品行使著作权。

4. 在本法生效前尚未依法终止的行政程序，依照现行规定处理。

5. 本法生效前形成的法律关系和由此产生的权利和义务，以及因违反本法生效前订立的合同而产生的权利，应按现行规定执行。

第 420/2011 号法令第 21 条　过渡条款

在本法生效前开始的程序，如果在本法生效日之前没有完成，则应完成，与之相关的权利和义务应受现行法规的约束。

第 228/2014 号法令第 2 条　过渡条款

1. 第 121/2000 号法令第 27 条第（6）款自本法生效之日起适用于带歌词的音乐作品和音乐戏剧作品，前提是其包含的音乐作品、歌词或剧本（视情况而定）于 2013 年 11 月 1 日在欧盟成员国或欧洲经济区成员国受到保护。此外，该条也适用于在 2013 年 11 月 1 日之前创作的带歌词的音乐作品。第一句话不应影响 2013 年 11 月 1 日之前发生的带歌词的音乐作品和音乐剧作品的使用以及第三方就这些作品获得的权利。

2. 除非表演者向录音制品制作者授予使用其录制的艺术表演的独占性和无限性许可的合同中另有明确约定，即使在本法生效前有效的第 121/2000 号法令第 73 条规定的表演者的专有权利到期后，该合同仍应被视为有效的。

3. 自本法生效之日起，第 121/2000 号法令第 71 条第（4）款、第 72a 条至第 73 条、第 76a 条至第 77a 条和第 96 条第（1）款 d）项的规定适用于录音制品录制的表演和录音制品，前提是它们在 2013 年 11 月 1 日之前经本法修订前的第 121/2000 号法令的保护或在该日期之后制作。

第 356/2014 号法令第 4 条　过渡条款

根据第 121/2000 号法令（在本法生效前已修订），在本法生效之日前向捷克海关当局提起的诉讼程序，应根据本法生效前有效的第 121/2000 号法令完成。

第 298/2016 号法令第 27 条　过渡条款

本法生效后的第 121/2000 号法令第 94 条的规定不适用于本法生效前受数据库开发者特殊权利保护的数据库。

第 102/2017 号法令第 2 条　最终条款

1. 集体管理组织应在本法生效起的 3 个月内通知在本法生效前委托其行使集体管理的权利人，其自本法生效之日起，根据第 121/2000 号法令第 97a 条第 (3) 款至第 (8) 款享有的权利。

2. 集体管理组织应在 2018 年 8 月 31 日前，提交自本法生效之日起生效的第 121/2000 号法令第 98f 条中提及的关税表。

3. 在本法生效之日前，根据第 121/2000 号法令第 99g 条发布的 2015 年年度报告不需要包含本法生效后第 121/2000 号法令附件 3 中所列的信息。

4. 如果受权利人委托行使其音乐作品在线使用权利的集体管理组织在 2017 年 4 月 10 日前没有为第 121/2000 号法令第 100 条至第 100c 条所述的目的授予许可或提议授予许可或允许另一个集体管理组织行使这些权利的集体管理，自本法生效之日起，这些权利人可以撤销该集体管理组织对其所有地区的音乐作品在线使用的权利行使集体管理的授权，而不必撤销对个别地区的授权，同时可以自己或通过他们授权的另一实体授予此类许可，或在本法生效后通过根据第 121/2000 号法令的规定符合授予此类许可要求的集体管理组织授权。

5. 本法生效前文化部根据第 121/2000 号法令第 102 条规定的集体管理谈判调解员，在本法失效后，应被视为根据第 121/2000 号法令第 101 条规定的调解员。

6. 根据现行法律被授权进行集体管理的集体管理组织，在本法生效后，有权根据第 121/2000 号法令进行集体管理。集体管理组织有义务在本法生效起 4 个月内调整其章程和内部条例，以适应（自本法生效之日起）第 121/2000 号法令规定的要求。

7. 有关行政违法行为的诉讼，如果在本法生效前尚未最终结束，应根据本法生效前修订的第 121/2000 号法令完成。

8. 如果在本法生效前，集体管理组织已经公布了关于报酬金额的建议或关于确定报酬方法的建议（费率建议），但对于本法生效后的适用期，与上一次费率相比，费率的增长超过了新费率适用期之前 3 个完整日历年的通货膨胀率的 3 倍以上，则有义务获得竞争保护办公室对本法生效后适用期的批准。在评估是否给予批准时，该办公室应特别考虑第 98e 条第 (3) 款中提到的标准，以及是否存在滥用集体管理组织在竞争中的支配地位或根据相关规定对

保护竞争造成其他严重损害。❶ 在批准之前，只有最近的前一个收费标准中有效的费率，根据本款第一句增长幅度不超过 3 倍的通货膨胀率，才可以在知识产权引起的纠纷中被有效援引，除非集体管理组织证明这种收费标准与使用对象的目的、方式、范围和情况明显不符合。❷

第 429/2022 号法令第 2 条　过渡性规定

1. 本法生效前建立的法律关系及其产生的权利和义务，以及在本法生效之日前缔结合同的违约责任所产生的权利，应当适用现行法律规定。

2. 第 121/2000 号法令第 21a 条的规定，在本法生效后，适用于截至 2021 年 6 月 7 日仍然有效的许可使用受保护对象的合同，前提是这些合同根据第 121/2000 号法令第 21a 条第（1）款的规定授予许可；第 21a 条从 2023 年 6 月 7 日起适用于前合同，前提是该合同的有效期延续至该日期之后。

3. 第 121/2000 号法令第 87b 条的规定，在本法生效后，不适用于 2019 年 6 月 6 日之前首次出版的出版物。

4. 第 121/2000 号法令第 97d 条第（1）款 c）项和第 97e 条第（4）款 c）项的规定，在本法生效后，适用于截至 2021 年 6 月 7 日仍然有效的许可使用受保护对象的合同，前提是广播电台或电视台根据第 121/2000 年法令第 21 条第（1）款第二句的规定通过广播或电视向传输运营商提供节目信号；该条从 2025 年 6 月 7 日起适用于前适合同，前提是该合同有效期延续至该日期之后。

5. 在本法生效前，根据第 121/2000 号法令第 101a 条的规定，由文化部注册为仲裁员的人员视为根据 2000 年第 121 号法令第 54 条的规定在本法案生效后注册的仲裁员。

---

❶ 经修订的关于保护竞争和其他法律修正案的第 143/2001 号法令（保护竞争法）。
❷ 民事诉讼法第 9 条第（2）款 g）项。

发明、工业设计和实用新型法

发明、工业设计和实用新型法[*]

第1条 立法目的

本法目的是规定与创造和实施发明和合理化建议相关的权利和义务。

第1部分 发 明

第1章 发明专利

第2条

工业产权局应当对符合本法规定的发明授予专利。

第3条 发明的可专利性

（1）授予专利权的发明，应当具备新颖性、创造性且适于工业应用。

（2）特别指明，以下事项不得视为发明：

a）发现、科学理论和数学方法；

b）美学创造；

c）进行智力活动、游戏、商业活动或者计算机程序的方案、规则和方法；

d）信息的呈现。

（3）本条第（2）款提及的客体或活动仅在该申请或发明有关的范围内具有。

（4）通过外科手术或治疗以医治人体或者动物身体的方法，以及施行于人体或者动物身体的诊断方法，不得视为本条第（1）款所指的可适于工业应用的发明。在医疗方法或者诊断方法中所使用的产品，特别是物质或合成物，不适用本条。

---

* 本译文根据世界知识产权组织官网公布的捷克发明、工业设计和实用新型法（2022年修订）捷克语版本翻译。为方便阅读，原文中的尾注均修改为页下注。——译者注

第 4 条　可专利性的除外情况

专利不得授予：

a）违反公共秩序或者道德的发明创造；不得仅由于法律禁止实施该发明而得出该事实结论。

b）动物或植物品种，以及用于生产动物或植物为生物学方法；本款不适用于微生物方法及其产品。

第 5 条　新颖性

（1）发明不构成现有技术一部分的，视为具备新颖性。

（2）现有技术，需视为在申请人优先权日（第 27 条）前，通过书面声明、口头说明、实际使用或者其他方式，以公开形式向公众公布的技术方案。

（3）现有技术，还应包括在捷克境内享有优先权的专利申请的内容，或者在申请人优先权日（第 31 条）前已公开的专利申请的内容。本规定亦适用于以工业产权局为指定局且具有优先权的国际发明申请，以及以捷克为有效指定国家且具有优先权的欧洲专利申请（第 35a 条）。发明申请根据特别规定获得保密许可的，视为在优先权日前 18 个月内公布。

（4）本条第（1）款至第（3）款规定不得排除本法第 3 条第（4）款所提及的方法中所使用的物质或者合成物的可专利性，前提是其在此方法中的使用不构成现有技术。

（5）在提交专利申请前 6 个月内，由于以下原因产生或者因以下原因导致发明信息被披露的，不应视为现有技术的一部分：

a）未经申请人或者其合法的原始权利人同意，滥用该项发明；

b）专利申请人或者其合法的原始权利人在官方举办认可，且属于相关国际条约所规定的国际展览中展示该发明。❶

在该情况下，应由申请人在提交申请时声明已展出发明，并自提交申请之日起 4 个月内提及证书证明展出发明符合国际条约的规定。

第 6 条　创造性

（1）与现有技术相比，发明对该领域的熟练技术人员而言并非显而易见

---

❶ 1928 年 11 月 22 日在法国巴黎签署的《国际博览会公约》（第 46/1932 号法律和法规集）。

的，该发明视为具备创造性。

（2）在申请人享有优先权（第 31 条）之日前尚未公布的发明申请的内容对创造性的评估不具有决定性作用。

第 7 条　工业应用

发明的客体可在任何工业、农业或者其他经济领域中制造或者使用的，视为该发明适于工业应用。

第 8 条　专利权

（1）专利权属于发明人或者其合法继承人。

（2）发明人是指通过自身创造活动完成发明的人。

（3）参与创造活动的共同发明人应当按份享有专利权。

◆ 属于企业的发明

第 9 条

（1）发明人是组织内部人员或者有其他类似雇佣关系（以下简称“雇佣关系”）的，其发明创造活动系雇佣关系中工作任务的一部分的，除合同另有规定外，专利权应转移至雇主。发明人的其他权利不受影响。

（2）发明人在其雇佣关系范围内创造发明的，应当以书面形式及时向雇主报告，并向雇主说明评估发明所需要的文件。

（3）雇主在收到本条第（2）款所述说明后，3 个月内未主张专利权的，专利权应复归于发明人。雇主和雇员均应就发明内容对第三方保密。

（4）雇主主张专利权的，根据雇佣关系创造发明的任何发明人有权向雇主要求适当报酬。为准确评估报酬数额，可以从该发明的技术和经济重要性、实施或者其他使用所产生的利益，以及雇主对发明活动的实质性贡献及发明人的任职义务等方面进行考量。已支付的报酬，明显与发明的实施或者后续使用所获得的利益不成比例的，发明人有权获得额外的报酬。

第 10 条

发明人与雇主之间雇佣关系的终止不影响第 9 条规定的权利和义务。

◆ **专利的效力**

第11条

（1）专利所有人（第34条）享有使用发明、授权他人使用发明或者向他人转让发明的独占权。

（2）专利自工业产权局官方公报（以下简称"官方公报"）公告授权之日起生效。

（3）自申请公告之日（第31条）起，申请人有权向使用其发明申请客体的任何人收取合理报酬。获得合理报酬的权利可自专利生效之日起主张。

（4）申请人在捷克提交国际专利申请，并根据相关国际条约公开的，需要将专利申请文件翻译成捷克语公开（第31条）后，方有权根据本条第（3）款的规定获得合理报酬。

第12条

（1）专利或者专利申请的保护范围应当由其权利要求确定。对于权利要求的解释，应当使用说明书和附图。

（2）在授予专利前，专利申请要求的保护范围应当由根据本法第31条公开的申请中的专利权利要求为准。但是，专利已授权或者根据本法第23条撤销程序进行修改的，专利应当追溯确定发明申请要求的保护范围，但不能由此扩大其保护范围。

第13条　直接使用的禁止

未经专利所有人同意，任何人不得：

a）制造、提供、投放市场或者使用专利产品，或者为此目的进口、存储产品或以其他方式处置专利产品。

b）使用或者向他人提供专利方法。

c）提供、投放市场、使用或者为此目的进口或存储由专利方法直接获得的产品；当产品极有可能是通过专利方法获得的，且专利权人经合理努力仍无法确定真正使用的方法的，相同产品应被视为是通过专利方法获得，但是有证据证明存在相反情况的除外。证明存在相反情况的，应当尊重商业秘密

保护所赋予的权利。❶

第13a条　禁止间接使用

（1）未经专利所有人同意，任何人不得向除获授权使用专利发明的人以外的其他人提供或者要约提供与发明的实质性要素有关的用于实现该发明的物品，如果从情况来看可以明显看出这些物品能够实现该专利发明并且旨在用于该目的。

（2）如果该物品是在市场上普遍存在的产品，则不适用本条第（1）款规定，但第三人诱使购买人实施本法第13条禁止行为的除外。

（3）实施本法第18条c）项至e）项所述活动的人，不得被视为本条第（1）款所指的获授权使用发明的人。

第13b条　权利用尽

专利产品由专利权人或者经其同意在捷克投放市场的，专利权人无权禁止第三人处分该产品，除非存在使专利权延伸至上述活动的原因。

第14条

（1）授权实施受专利保护的发明（许可），应当订立书面合同（以下简称"许可合同"）。

（2）自许可合同在专利登记簿（第69条）登记后，许可合同对第三人发生效力。

第15条

专利的转让应当以书面合同的形式进行，自其在专利登记簿登记后，该合同对第三人发生效力。

第16条　专利共有人

（1）同一专利的权利属于多人（以下简称"共同所有人"）的，共同所有人之间的关系根据有关共同财产份额的一般规则进行调整。❷

---

❶　民事诉讼法第124条。
❷　经修订的第40/1964号法律（民法典）；经修订的第109/1964号法律（经济法典）。

（2）除非共同所有人另行约定，各共同所有人均有权实施发明。

（3）除非另行约定，许可合同的订立应当取得全体共同所有人同意；对于侵犯专利权的行为，各共同所有人可单独采取行动。

（4）专利转让应经所有共同所有人同意。未经其他共同所有人同意，各共同所有人只可将其份额转让给另一共同所有人；向第三方进行转让的，只有当共同所有人未在 1 个月期间内对书面转让要约表示承诺时方可进行该转让。

◆ **专利效力的限制**

第 17 条

（1）对于能够证明在优先权日（第 27 条）前已独立于发明人或专利所有人实施发明或已为此进行准备的人（以下简称"在先使用人"），专利对其不发生效力。

（2）未达成协议的，在先使用人有权向法院起诉，要求专利权人认可其权利。

第 18 条

以下对受保护发明的使用，不视为对专利所有人权利的侵犯：

a）《保护工业产权巴黎公约》（以下简称《巴黎公约》）❶ 的其他缔约国的船舶暂时或者偶然地进入捷克时，在船舶的船体、机械、船具、装备及其他附件上的使用，但以专为该船的需要使用为限；

b）欧盟其他国家的飞机或者陆地车辆暂时或者偶然地进入捷克时，在该飞机或者陆地车辆的构造或者运行中使用；

c）根据医生处方在药房进行的个别药物配制，包括对这样配制的药物的处理；

d）非商业目的实施的行为；

e）为了实验目的而进行的与发明客体相关的行为，包括在将药品投放市

---

❶ 《保护工业产权巴黎公约》，1883 年 3 月 20 日签署，1990 年 12 月 14 日在比利时布鲁塞尔修订，1911 年 6 月 2 日在美国华盛顿修订，1925 年 11 月 6 日在荷兰海牙修订，1934 年 6 月 2 日在英国伦敦修订，1958 年 10 月 31 日在葡萄牙里斯本修订，1967 年 7 月 14 日在瑞典斯德哥尔摩修订，经第 64/1975 号法令发布。

场之前根据特别法律规定进行的必要实验和测试。❶

第 19 条　许可要约

（1）若专利申请人或者专利所有人向专利局声明，其准备向任何人提供实施发明的权利（许可要约）的，接受许可要约并将该事实书面告知申请人或所有人的任何人有权实施该发明。专利局应当将许可要约登记在专利登记簿中。

（2）许可要约的声明不得撤销。

（3）一人有权实施发明的事实不得损害专利所有人针对许可获得合理补偿的权利。

（4）专利所有人根据本条第（1）款发出许可要约的，相关法律规定❷的维持专利的管理费应减半。

第 20 条　强制许可

（1）专利所有人无正当理由不实施或者未充分实施发明，或者拒绝接受条款合理的许可合同要约的，经申请人正当请求，专利局可授予使用发明的非独占性权利（强制许可）；自发明申请提交之日起 4 年，或者自授予专利之日起 3 年，以较迟届满者为准，不得授予强制许可。

（2）重大公共利益面临危险的，亦可授予强制许可。

（3）考虑案件具体情况，专利局应确定强制许可的条件、范围和期限。强制许可主要用于国内市场的供应。

（4）企业主基于强制许可而使用发明的（以下简称"强制许可持有人"），该强制许可仅在业务转让或者作为企业转让的一部分时，方得让与他人。

（5）强制许可持有人可以在强制许可期限内通知专利局，放弃使用发明的权利；自通知送达之日起，授予强制许可的决定失效。

（6）若专利所有人能够证明授予强制许可的条件已改变且不太可能再次发生，或者强制许可持有人在 1 年内未实施强制许可的，或者强制许可持有人不符合授予强制许可所确定的条件的，经专利所有人申请，专利局应撤销

---

❶　关于医药产品和其他法律修正案的第 378/2007 号法令（医药产品法）。
❷　关于维持药品和植物保护制剂的专利和补充保护证书的费用的第 173/2002 号法令。

强制许可或者变更强制许可的条件、范围或者期限。

（7）授予强制许可不得影响专利所有人获得专利价值补偿的权利。相关各方针对许可价格未达成一致的，由法院应要求在考虑发明的重要性和相关技术领域许可的通常价格后予以确定。

（8）强制许可应登记于专利登记簿（第69条）。

第21条　专利期限

（1）专利期限为20年，自发明申请提交之日起算。

（2）专利所有人为维持专利效力，应当按照相关规定缴纳专利年费。❶

（3）专利年费缴纳期满后，若第三人善意使用专利发明或者在对专利发明的使用作真实、有效的准备时，第三人有权不受专利年费缴纳期限的影响。

第22条　专利失效

专利于以下情况下失效：

a）有效期届满；

b）专利所有人未按相关规定及时缴纳专利年费；❷

c）专利所有人以书面声明放弃其专利权；在此情况下，自专利局收到专利所有人声明之日起，专利有效期终止。

第23条　专利撤销

（1）专利局随后确定发生以下任一情况的，应当撤销专利：

a）发明不符合可专利性条件的；

b）发明未在专利申请书中清楚、完整地公开，以致本技术领域内的技术人员无法实施该专利的；

c）专利客体超出发明申请所要求的内容，或者分案申请授予专利的客体超出专利申请所要求的内容，或者专利的保护范围被扩大的；

d）根据第8条，专利所有人无权获得专利权；在这种情况下，专利局应权利人的请求予以撤销的（第29条）。

（2）撤销理由仅涉及专利一部分的，专利应部分撤销。专利的部分撤销应通过修改权利要求书、说明书或者附图的方式进行。

---

❶❷　关于维持药品和植物保护制剂的专利和补充保护证书的费用的第173/2002号法令。

（3）专利撤销的效力应追溯至专利生效之日。

（4）请求人能够证明其合法利益的，其可在专利失效后提出专利撤销的请求。

第2章　专利授予程序

◆ 发明申请

第 24 条

（1）向专利局提交专利申请后，专利授予程序开始。

（2）捷克的自然人和法律实体以及在捷克领土上有居所或者设立业务机构的其他自然人和法律实体可向专利局提交国际申请。

（3）根据 1973 年 10 月 5 日在德国慕尼黑缔结的《欧洲专利授权公约》（以下简称《欧洲专利公约》）❶ 可向专利局提交欧洲专利申请。本款不适用于欧洲专利分案申请。

（4）欧洲专利申请或者国际申请中包含了根据相关法规需保密的事项的，申请人在向专利局提交申请时，应同时提交国家安全局的批准文件。

（5）根据本条第（1）款或第（2）款提交申请的，应当按照相关法规的规定缴纳管理费❷；根据本条第（2）款提交专利国际申请的，应当针对发明申请国际程序进一步缴纳根据相关国际条约规定的费用，专利局应在官方公报中公布上述费用表。

第 25 条

（1）应在申请中指出发明人的姓名。

（2）应发明人请求，专利局不得在公开的申请书或者专利授予公告中指出发明人的姓名。

第 26 条

（1）一份专利申请应仅涉及一项发明，或者相互联系属于一个总的发明构思的一组发明。在同一份专利申请中主张一组发明的，如果该等发明在技

---

❶　经修订的关于行政费用的第 368/1992 号法令。

❷　关于保护机密信息和安全权限的第 412/2005 号法令。

术上相互关联，且包含一个或者多个相同或相应的特定技术特征，则符合发明的单一性要求。特定技术特征，指每一项发明作为整体对现有技术作出贡献的技术特征。

（2）在发明申请中，发明应当以足够清晰、完整的形式公开，以确保该领域的熟练技术人员可予以实施。发明若涉及生产用途的工业微生物的，自申请人优先权开始之日起，微生物应当保存公开复制件。

（3）如有疑问，专利局可要求申请人提交申请的客体或者以其他适当的方式，提出发明符合申请要求的证据。申请人无法提供该证据的，该申请客体应视作不符合申请要求。

第27条

（1）申请人的优先权应自提交申请之日开始。

（2）依《巴黎公约》授予的优先权必须由申请人在其向专利局提交的专利申请中提出，申请人须在规定的期限内提交优先权证明，否则不考虑其优先权。

（3）发明申请已在《巴黎公约》的缔约国或者世界贸易组织❶成员提交的，可以主张本条第（2）款项下的优先权。

首次提出发明申请的国家既不是《巴黎公约》缔约国也不是世界贸易组织成员的，只可根据互惠条件授予优先权。

第28条

（1）有关专利权的法律程序已向主管机关提交的，专利局应当中止与该申请相关的程序。

（2）除本法第31条第（1）款规定的期限外，申请程序中止的，本法规定的其他期限也应当暂停。

（3）自专利权裁决之日起3个月内，合法申请人要求继续专利申请的，应当维持优先权。在中止程序前，为授予专利而实施的行为，在程序继续后仍同样视为有效。

---

❶ 《建立世界贸易组织的协定》，经第191/1995号法令发布。

第 29 条

（1）专利局应当根据法院作出的裁决，将发明申请或者专利转让给发明人。

（2）有权针对专利权进行法律程序的主管机关裁决该权利属于他人的，专利局应当将专利申请人或者专利所有人的姓名替换为该他人。

◆ **发明申请的初步审查**

第 30 条

（1）所有发明申请均须经专利局进行初步审查，以认定：

a）申请内容是否违反本法第 3 条第（1）款或者第 26 条第（2）款的规定；

b）申请是否含有根据第 191/1995 号法令公布的《建立世界贸易组织协定》第 3 条第（2）款或者第 4 条规定所指的要素；

c）申请是否存在阻碍其公开的瑕疵；

d）申请人是否已缴纳相应的管理费。❶

（2）发明含有违反本法第 3 条第（1）款或者第 26 条第（2）款规定的要素，或者第 3 条第（2）款或者第 4 条规定所指要素的，专利局应当驳回发明申请。在驳回发明申请前，应当给予申请人针对决定所依据的文件作出说明的机会。

（3）专利申请存在妨碍其公开的要素，或者申请人未缴纳相应管理费的❷，专利局应当要求申请人在规定期限内提交意见并消除瑕疵。

（4）申请人未能在规定期限内消除专利申请中妨碍专利申请公开的瑕疵，或者未能在规定的期限内缴纳相应管理费的❸，专利局应当终止程序。在确定截止日期时，应通知申请人这一后果。

第 31 条

（1）专利局应当自优先权开始之日起 18 个月期间届满时公开发明申请，并在官方公报中公布。

---

❶❷❸ 经修订的关于行政费用的第 368/1992 号法令。

（2）自优先权开始之日起 12 个月内，经申请人申请并缴纳相关法规规定的管理费后❶，可在本条第（1）款规定期限届满前，公开专利申请。已授予发明专利的，专利局应当在本条第（1）款规定期限届满前公开该发明专利。但专利局未经专利所有人同意，不得自优先权开始之日起 12 个月内公开申请。

（3）专利局可将与申请主张的发明相关的现有技术报告（检索报告）与发明申请一同公开。

第 32 条

（1）发明申请公开后，任何人可就客体的可专利性提出意见；专利局在对申请进行全面审查时，应当考虑该等意见。

（2）根据本条第（1）款提交意见的人不得为与专利申请程序相关的主体。但应当将提交的意见告知申请人。

◆ 发明申请的全面审查

第 33 条

（1）专利局应当对发明申请进行全面审查，以确定其是否符合本法规定的专利授予条件。

（2）专利申请的全面审查应当由专利局依申请人或者相关主体请求，或者依职权进行。

（3）全面审查的请求应当自发明申请提交之日起 36 个月内提交，且不得撤销。申请人在提交申请时，应当按照相关法规的规定缴纳管理费。❷

（4）专利局应当在提交请求后立即进行全面审查。

（5）在本条第（3）款规定期间内，未妥为提交发明申请全面审查请求的，或者专利局未依职权进行审查的，专利局应当终止申请相关程序。

第 34 条

（1）申请不符合专利授予条件的，专利局应当驳回该发明申请。在驳回前，对可能导致申请被驳回的问题，应当向申请人提供针对申请作出决定所

---

❶❷　经修订的关于行政费用的第 368/1992 号法令。

依据的文件提交说明的机会。

（2）申请人未在规定期间内消除妨碍授予专利的缺陷的，专利局应当终止申请相关程序。应当提请申请人注意在规定期间内未遵守相关规定的后果。

（3）发明申请客体符合规定条件，且申请人已缴纳相关法规规定的费用的❶，专利局应当向申请人授予专利，申请人由此成为专利所有人。专利局应当向专利所有人签发注明发明人姓名的专利授权通知书，发明说明书和权利要求书应当构成专利授权通知书的一部分，专利授权通知书应当在官方公报中公布。

第 35 条

针对相同客体提交一份以上发明申请的，只能授予一项专利。

第 3 章 欧洲专利申请与欧洲专利

第 35a 条

（1）对捷克具有效力且已予设定提交日期的欧洲专利申请（以下简称"欧洲专利申请"），与根据本法第 24 条在相同日期提交的发明申请，在捷克具有相同效力。欧洲专利申请在提交欧洲专利申请日前享有优先权的，该申请享有优先权。

（2）欧洲专利申请被撤回或者被视为撤回的，其应当与本法第 64 条第（2）款关于发明申请的终止程序的效力相同。欧洲专利申请被驳回的，其应当与本法第 34 条第（1）款规定的专利申请驳回具有同等效力。

（3）欧洲专利局恢复欧洲专利申请人的权利或者恢复在捷克境内生效的欧洲专利（以下简称"欧洲专利"）所有人的专利权的，该决定亦应当适用于捷克。

（4）欧洲专利申请已经由欧洲专利局公布的，申请人提交专利权利要求书的捷克语翻译申请且根据相关规定缴纳翻译费的❷，欧洲专利局应当向公众公布翻译文本，并在官方公报中公布该事实。若欧洲专利局授予的专利在捷克有效（第 35c 条），申请人可依据本法第 11 条第（3）款要求合理赔偿。

---

❶❷ 经修订的关于行政费用的第 368/1992 号法令。

（5）对于由欧洲专利申请所产生的保护范围的解释，决定性依据是根据在欧洲专利局进行的程序的语言所修订的欧洲专利申请的内容；如果欧洲专利授予的保护范围大于已公布的该专利申请的范围，则只能就已公布且已授予的范围享有保护。如果根据第（4）款的专利权利要求的翻译与程序语言中的文本不符，则只能在其翻译成捷克语的范围内主张欧洲专利保护。

（6）申请人向专利局提交经改正的专利权利要求的捷克语翻译的，自改正文本于官方公报公布之日起，改正后的翻译应取代原始翻译发生效力；申请人应当根据相关规定针对公布缴纳管理费。❶ 第三人已善意使用欧洲专利申请的客体或者为此进行认真有效准备，但根据申请人提交的翻译不在其保护范围内的，该第三人的权利不因提交新翻译而受到影响。

第 35b 条　欧洲专利申请转国家申请

（1）根据欧洲专利申请人的请求，专利局应当根据《欧洲专利公约》第136 条第（2）款之规定，开始针对国家申请的程序。

（2）专利局根据本条第（1）款收到申请的，应当要求申请人在 3 个月内提交三份欧洲专利申请的捷克语翻译文本，并缴纳申请费。

（3）申请人符合本条第（2）款规定的条件，且专利局自优先权日起 20个月内收到欧洲专利申请的转换请求的，专利局应赋予国内申请源自所提交的欧洲专利申请的优先权。

（4）根据按照本条第（1）款提出欧洲专利申请的申请人请求，专利局应当根据相关规定将欧洲专利申请作为国内实用新型申请进行处理，第（2）款和第（3）款的规定参照适用。❷

第 35c 条　欧洲专利的效力

（1）欧洲专利局授予的专利，应与根据本法第 34 条第（3）款授予的专利具有同等效力。

（2）自欧洲专利授权公告于欧洲专利公报之日起，该欧洲专利在捷克境内生效；专利所有人应当自公告之日起 3 个月内向专利局提交专利说明书的捷克语翻译文本，并根据特别法律规定缴纳公告的管理费。❸ 同时，欧洲专利

---

❶ 经修订的关于行政费用的第 368/1992 号法令。
❷ 关于实用新型的第 478/1992 号法令，经第 116/2000 号法令修订。
❸ 经修订的关于行政费用的第 368/1992 号法令。

所有人应当向捷克提交可送达专利相关正式通知的地址。专利局应当在官方公报中公告欧洲专利的授予及欧洲专利说明书的捷克语翻译文本。

（3）未在本条第（2）款规定期限内提交欧洲专利说明书的捷克语翻译文本的，欧洲专利所有人可在3个月宽限期内提交，但其应根据相关规定缴纳管理费。❶

（4）未在本条第（3）款规定宽限期内提交欧洲专利说明书的捷克语翻译文本的，应视为欧洲专利在捷克境内自始无效。

（5）欧洲专利授予在欧洲专利公报公告后，专利局应当将该欧洲专利登记于捷克欧洲专利登记簿，登记的数据为欧洲专利登记簿中记录的数据。

第35d条 欧洲专利的保护范围

（1）欧洲专利文本的语言是在欧洲专利局进行程序所使用的语言，其对于确定欧洲专利赋予保护的范围具有决定性；但是，根据本法第35c条第（2）款向专利局提交的专利说明书的翻译文本所赋予的保护范围小于该程序语言赋予的范围的，第三方可参考翻译文本。

（2）欧洲专利所有人有权向专利局提交欧洲专利说明书的捷克语改正译文。自专利局公告改正译文后，改正译文应当替代原始译文发生效力；欧洲专利所有人应当根据相关规定缴纳公告费。❷

（3）译文虽不为欧洲专利的保护范围所涵盖，但在专利局公布改正译文之前有效，而第三人又依据该译文，在捷克境内已善意使用专利客体或者已为此进行了认真而有效的准备的，该第三人的权利不因改正译文的公布而受到影响。

第35e条 禁止同时保护

（1）已针对发明授予国家专利的，若对同一专利的同一专利所有人或者所有权继承人又授予了欧洲专利，自欧洲专利异议期限届满（而未提出异议）之日起，或者在欧洲专利异议程序中被裁定为维持该欧洲专利的，国家专利与欧洲专利内容相同的部分，应停止有效。

（2）欧洲专利异议期限届满而未提出异议的，或者在欧洲专利异议程序中被裁定为维持该欧洲专利的，若该欧洲专利与国家专利内容相同，则该国

---

❶❷ 经修订的关于行政费用的第368/1992号法令。

家专利不得根据本法第11条第（2）款的规定发生效力。

（3）本条第（1）款和第（2）款的规定不受根据本法第35f条第（5）款撤销欧洲专利的影响。

第35f条 欧洲专利的撤销

（1）欧洲专利局撤销或者以经变更的文本维持欧洲专利的，该决定在捷克境内有效。

（2）根据本条第（1）款撤销或者以经变更的文本维持欧洲专利的，专利局应当在官方公报中公告。

（3）在欧洲专利局异议程序中以经变更的文本维持欧洲专利的，自欧洲官方公报公告变更文本后3个月内，该欧洲专利所有人应当向专利局提交译为捷克语的专利说明书变更文本，并缴纳公告费。专利局应当在官方公报中公告以经变更的文本维持欧洲专利的决定，并公布变更后专利说明书的译本。

（4）未在本条第（3）款限定期限内提交欧洲专利变更后的捷克语译本的，该欧洲专利应当视为在捷克境内自始无效。

（5）在异议程序规定期限内未提出异议的，或者在异议程序中未被撤销的，该欧洲专利可由专利局依本法第23条提出撤销；欧洲专利局尚未裁决涉及相同客体的异议程序的，专利局应当中止该欧洲专利的撤销程序。欧洲专利在异议程序中未被撤销的，专利局应当根据请求继续撤销程序。

（6）在撤销程序中，采用程序所使用语言的欧洲专利文本应为正确文本。

第35g条 维持费

（1）为了保持欧洲专利有效，专利所有人有义务根据特别规定缴纳费用。❶

（2）专利所有人在缴纳期限届满后仍未缴纳维持费的，如果第三人善意开始使用发明客体，或者对该使用作认真有效的准备，其使用权不受之后专利所有人缴纳维持费的影响。

---

❶ 关于维持药品和植物保护制剂的专利和补充保护证书的费用和其他法律修正案的第173/2002号法令。

第4章 向药品和植物保护产品授予补充保护证书

第35h 条

（1）对于在捷克境内受有效专利保护的物质而言，如果其在投放市场前为根据相关规定应予以登记的产品的活性物质，专利局应当授予补充保护证书（以下简称"证书"）。❶

（2）活性物质指化合物或者化合物组合、微生物或者微生物组合，其对人或者动物疾病具有一般或者特别治疗效果或者预防作用，或者可被施用于人类或者动物以进行疾病诊断、改善或者调整其健康状况，或者是以保护植物或者植物产品为目的。

（3）本条第（1）款所称的产品，是指活性物质或者含有一种以上活性物质的组合，以药物❷或者植物产品的形式投放市场。❸

第35i 条 证书申请

（1）证书申请应当由专利所有人或者其合法继承人提交，其申请的客体应为活性物质、获取活性物质的方法以及将活性物质作为药物或者植物保护产品的使用，依本法第82条授予的专利除外。

（2）证书申请应当自根据相关规定对产品作出登记决定之日起6个月内提交；❹在授予基础专利之前进行登记的，证书申请应当自专利授予之日起6个月内提交。

（3）证书申请应包含：

a）授予证书的请求，特别说明：

1. 申请人的姓名和地址；

2. 代理人的姓名和地址（如有）；

3. 基础专利的编号和发明的所有权；

4. 根据相关规定首次登记产品的编号和日期。❺

---

❶❹❺ 关于植物治疗和相关法律修正案的第147/1996号法令、关于医药产品和其他法律修正案的第79/1997号法令。

❷ 第79/1997号法令第2条第（1）款。

❸ 第147/1996号法令第2条第（7）款。

b）根据相关规定作出产品登记决定的复制件❶，其中对产品进行识别，（如为药品的）包括产品数据摘要。

c）能够识别与登记产品相关的受基础专利保护的物质的化学、通用或者其他术语。

（4）提交证书申请时，申请人应当根据相关规定缴纳管理费。❷

（5）专利局应当将证书申请登记于专利登记簿中，并在官方公报中公告。

公告内容应当包括申请人的姓名和地址、基础专利的编号和受专利保护发明的所有权、登记的编号和日期以及对以登记的方式授权将其投放市场的产品的提及。

第35j条　获得证书的条件

在根据本法第35i条提交申请之日，满足以下条件的，专利局应当授予证书：

a）基础专利在捷克境内有效；

b）产品含有受基础专利保护的活性物质，并根据相关规定有效登记为药品或者植物保护产品❸；

c）尚未向该物质授予证书；

d）本条b）项中所称的登记，是指首次授权将批量生产的药品在捷克境内推出，或者首次授权将植物保护产品投放捷克市场。

第35k条　证书的授予

（1）证书申请符合本法第35i条规定的条件，且申请证书的物质符合第35j条规定的条件的，专利局应当授予证书并登记于专利登记簿中。证书应包含：

a）证书所有人的姓名和地址；

b）基础专利的编号和发明的所有权；

c）首次登记的编号和日期、作出登记决定的机关以及经登记而授权投放市场的产品信息；

d）证书的有效期限。

---

❶❸　关于植物治疗和相关法律修正案的第147/1996号法令、关于医药产品和其他法律修正案的第79/1997号法令。

❷　经修订的关于行政费用的第368/1992号法令。

（2）专利局应当将证书的授予公告于官方公报中。公告内容应当包含本条第（1）款所述内容。

（3）证书申请不符合本法第35j条规定的条件的，专利局应当通知申请人在限定期限内对不足之处作出补救。申请人未能在限定期限内完成申请的，专利局应当终止程序，并将该结果告知申请人。

（4）不符合证书授予条件的，应当驳回证书申请。

（5）专利局应当在官方公报中公告被驳回的证书申请以及授予证书程序的终止，公告内容应当包含本法第35i条第（5）款所规定的具体内容。

第35l条　证书的客体和效力

（1）在基础专利授予的保护范围内，证书的保护范围应延伸至代表已登记产品中活性物质的化学物质或者物质组合、微生物或者微生物组合以及在证书届满前授权的对作为药品或植物保护产品的专利客体的所有使用。

（2）证书授予的权利应与基础专利授予的权利相同，证书应受到相同的限制并履行相同的义务。

第35m条　证书的有效期限

（1）自提交基础专利申请之日起，到使产品能够作为药品或植物保护产品投放捷克市场的首次登记之日，该期间减去5年，应当作为证书的有效期限，但自证书生效之日起最长不得超过5年。

（2）证书应当在基础专利的法定期限届满后生效。

（3）为维持证书效力，所有人应当根据相关规定缴纳管理费。❶

（4）在缴纳维持费的期限届满后仍未缴纳的，如果第三人已开始善意使用发明客体，或者对该使用作真实有效的准备，其权利不受之后缴纳的维持费的影响。

第35n条　证书的失效

（1）发生以下情形之一的，证书失效：

a）本法第35m条第（1）款规定的期限届满的；

---

❶ 关于维持药品和植物保护制剂的专利和补充保护证书的费用和其他法律修正案的第173/2002号法令。

b）证书所有人放弃的；

c）证书所有人未缴纳维持证书有效的管理费的；

d）登记撤销或者届满后，产品不能再投放市场的；

e）根据第35o条撤销证书的。

（2）专利局应当将证书的失效记录到专利登记簿中，并在官方公报中公告。

第35o条　证书的撤销

（1）发生以下情形之一的，专利局应当撤销证书：

a）证书的授予不符合本法第35j条规定的授予条件；

b）基础专利在期限届满前已失效的；

c）基础专利已被撤销或者限制，据以授予证书的活性物质不再受基础专利保护的。上述情况也适用于在基础专利失效后撤销的情形。

（2）申请人证明其享有合法权益的，即使本条第（1）款所述的基础专利失效，也可以提交证书的撤销申请。

第3部分　关于专利局程序的一般规定

第63条　行政程序

（1）有关行政程序的一般制定法规则应适用于专利行政程序，但不包括本法规定的例外情况，以及关于程序中止、信誉声明、决定的时间限制和未采取行动时的可采取措施的规定。

（2）为实施与本法所规定程序相关的行为，专利局应当收取管理费。提出本法第23条、第35f条、第35o条及第68条第（1）款和第（2）款项下程序的人，应当交存程序费用保证金；其请求通过程序予以确认的，保证金应如数归还申请人。保证金的金额为2500捷克克朗。

（3）专利局的合法决定得对抗依特别法律规则作出的决定。❶

---

❶ 经修订的第150/2002号法令（行政法院法）。

第 64 条　已废止

第 65 条

（1）程序一方基于合法理由未遵守时间限制，在导致未遵守时间限制的原因消失后的 2 个月内，向专利局提交请求的，专利局可予以豁免，但应在该期间内完成未完成的行为，且已缴纳相关制定法规定的管理费。❶

（2）在本应履行行为的期限届满后超过 1 年的，不予豁免；在主张和证明优先权，或提交对发明申请进行全面审查的请求，或根据本法第 28 条第（3）款请求继续程序等方面未遵守时间限制的，同样不予豁免。

（3）第三人在未被遵守的期限届满之日起至未遵守的行为被豁免之日内所获得的权利，不受影响。

第 66 条　文件查阅

专利局只有在第三方证明存在合法利益的情况下方允许其查阅文件。在发明申请公告前，仅可以传达以下信息：发明人、发明申请人、有关优先权的数据、发明申请的所有权及其参考标记。

第 67 条　宣告裁定的程序

经证明存在法定权益的人申请，专利局应当确定生产方法、特定产品、其实施或其投放市场是否属于专利的保护范围。

第 68 条　复议程序

（1）对专利局作出的决定，可在送达通知之日起 1 个月内提起复议，但根据本法第 65 条规定决定豁免未遵守时间限制的情况除外。

（2）复议决定应由专利局局长根据由其设立的专家委员会提议作出。

第 69 条　专利登记簿和专利局的官方公报

（1）专利局应设置专利登记簿，以便登记与发明申请相关的重要事项、程序以及与授予专利和注册外观设计相关的重要事项。

---

❶　经修订的关于行政费用的第 368/1992 号法令。

（2）专利局维持在捷克境内有效的欧洲专利登记簿。本条第（1）款规定应适用于欧洲专利登记簿中的记录。

（3）根据民法典❶备注的争议只能涉及登记簿中标明专利为所有权对象的记录。

（4）专利局应当发布官方公报，其中（除其他事项外）应包含关于已公布发明申请、已授予专利和与发明相关的其他详情以及官方通知和主要决定。

第70条 代　　理

在捷克境内没有住所或者未设立总部的人，应当根据相关规定由代理人代理专利局的有关事务。❷ 本规定也适用于根据第3章提交翻译文本。

第71条

本法也适用于有关根据相关规定❸或捷克受其约束的国际条约而予以保密的发明的程序，但其已公开的除外。

第4部分　合理化建议

第72条

（1）合理化建议应为具有生产或操作性质的任何技术改进、对安全问题的解决、对工作场所健康的保护或者对环境的保护，合理化建议者有权处置其建议。

（2）专利衍生权利对合理化建议构成妨碍的，不得从合理化建议中获得权利。

第73条

（1）合理化建议属于其雇主的工作或者活动范围的，合理化建议者应当向其雇主提供该合理化建议。

---

❶ 民法典第986条。

❷ 关于专利代理人的第237/1991号法令，经第14/1993号法令修订；关于律师职业的第85/1996号法令，经第210/1999号法令修订。

❸ 关于保护机密信息和安全权限的第412/2005号法令。

（2）雇主自收到合理化建议后（第74条）2个月内未针对接受合理化建议和相应报酬订立协议的，合理化建议者有权不受限制地处置其合理化建议。

第74条

合理化建议的使用权应当自雇主与合理化建议者针对合理化建议和相应报酬订立协议后生效。

第5部分　违法行为

第74a条

（1）个人、法律实体或个体经营者未经授权使用受专利保护的发明，将构成违法行为。

（2）对于第（1）款所述的违法行为，最高可处以250000捷克克朗的罚款或颁发禁令。

（3）法律实体或个体经营者实施的第（1）款所述的违法行为，可以公告处罚决定。

（4）第（1）款所述的违法行为由具有扩大权限的市政府办公室处理。

（5）第（1）款所述的违法行为不能通过现场处罚决定来处。

第6部分　通用条款、过渡条款和最后条款

◆ **通用条款**

第75条　侵　权

因本法保护的权利被侵犯而蒙受损害的，有权要求禁止侵权行为和制止其违法后果。损害是由侵权行为引起的，被侵权人有权要求赔偿；赔偿责任包括被侵权人由于损害而遭受的财产价值损失（实际损害）以及侵权人若非由于损害而本应获得的利益（预期利益损失）。若侵权造成了非物质损害，被侵权人有权获得适当的赔偿，该赔偿根据情况可包括金钱赔偿。

第 76 条　与外国的关系

（1）在《巴黎公约》缔约国或者世界贸易组织成员的领域内居住或者设立总部的人，享有与捷克国民平等的权利。

（2）捷克加入国际条约的规定不受本法影响。

◆ **过渡性条款**

第 77 条

本法生效前尚未完成的发现申请程序，应当根据旧法完成。

第 78 条

（1）本法生效前尚未作出裁定的发明申请，应当根据本法规定进行处理，由专利局依职权进行全面审查。

（2）对于受第 84/1972 号法律第 28 条 a）项调整的发明，自本法生效之日起，雇主在 3 个月内提交专利申请的，专利权应当归雇主所有。发明人有权根据本法第 9 条第（4）款从雇主处获得合理报酬。雇主在该期限内未申请授予专利的，专利权应当视为属于雇员。

（3）第三方在本法生效前根据旧法规定实施本条第（1）款和第（2）款项下发明申请客体的，其权利不受影响。针对实施根据旧法授予发明人证书的发明申请的客体，发明人根据该等规定获得报酬的权利，不应受到影响。

第 79 条

对于在本法生效前根据国际条约❶提交的承认发明人证书的请求，专利局应当授予专利，但申请人应在本法生效后 6 个月内使承认发明人证书的申请符合专利授予的条件。申请人不符合专利授予条件的，专利局应当终止程序。

第 80 条

（1）本法生效前尚未作出裁定的外观设计专利申请，应当根据本法规定进行处理。

---

❶　第 133/1978 号法令，关于相互承认作者证书和其他发明保护文件的协议。

（2）根据第 84/1972 号法律的规定创作已针对其提交申请的外观设计人的雇主，在本法实施后 3 个月内提交将其登记为申请人的请求的，有权提交申请。外观设计人根据本法第 44 条第（4）款享有从雇主处获取报酬的权利。雇主在规定期限内未提交将其登记为申请人的请求的，该外观设计登记应当视为由外观设计人提出申请。

（3）第三方实施本条第（1）款和第（2）款提及的在本法生效前根据旧法规定开始的外观设计申请客体的权利，不应受到影响。外观设计人根据旧法规定获得实施报酬的权利不应受到影响。

第 81 条

（1）根据第 84/1972 号法律签发发明人证书的，应当自申请提交之日起 15 年期限届满。但该证书有效期不得早于本法生效后 1 年终止。本法生效 1 年后维持发明人证书有效的，应当根据相关制定法的规定缴纳管理费。❶

（2）根据第 84/1972 号法律签发的外观设计证书，应当自申请提交之日起 15 年期限届满；如经当事人请求，专利局应当将外观设计证书的有效期延长 5 年。❷ 但该证书有效期不得早于本法生效后 1 年终止。提交续展请求的，应当根据相关制定法的规定缴纳管理费。

（3）根据旧法持有或者获得使用发明或者外观设计的权利的组织，与专利所有人或者外观设计所有人享有相同权利。

（4）除第 84/1972 号法律第 28 条 a）项规定的情形外，已作出一项受根据旧法授予的发明人证书保护的发明，且其处分权属于组织或者由组织获得，但该组织未实施该发明的，该发明人在发明人证书有效期间任何时间均有权请求专利局将发明人证书转为专利。发明人证书转为专利的，应当缴纳管理费。本款规定应当在实施细则详细规定。

（5）受发明人证书保护的发明未根据第 84/1972 号法律第 28 条 a）项规定作出，或者受发明人证书保护的外观设计未根据前述法律第 82 条规定作出的，发明人或者外观设计人有权在其企业框架范围内实施发明或者外观设计的权利（视情况而定）。❸

（6）具有本条第（3）款所提及权利的组织在本条第（1）款规定的期限

---

❶❷　经修订的关于行政费用的第 368/1992 号法令。

❸　经修订的（经济法典）第 109/1964 号法令；关于公民个人经营的第 105/1990 号法令。

届满后 6 个月内未根据相关法规缴纳维持发明人证书的管理费的❶，或者在同一期限内未提交记入外观设计登记簿请求的，如果申请人在之后的 6 个月延展期内缴纳管理费或提交请求的、可以重新取得相关权利。未遵守该时间限制的，不予豁免。

第 82 条

（1）应在国外被授予专利权且其客体属于第 84/1972 号法律第 28 条 b）项和 c）项规定的所有人的请求，专利局可根据《巴黎公约》对在《巴黎公约》规定的时限届满后在捷克提交的发明申请授予优先权。

（2）只有在已提交发明申请且在本法生效后 12 个月内提交已在国外授予专利的证明文件后方可提交本条第（1）款提及的请求。

（3）有以下情形的，专利局不得针对根据本条第（2）款提交的发明申请授予专利：

a）申请人未提交在任何国家获得专利客体生产或者销售授权的证明文件的；

b）在任何国家获得专利客体生产或者销售授权后的 6 个月内，申请人未在其所提出的申请中提交由捷克主管机关授权其在捷克境内生产或者销售专利客体的证明文件的；

c）在根据本条第（1）款和第（2）款提交申请前，授予国外专利的专利客体已投放捷克境内市场的。

（4）在国外被授予专利权的所有人，根据本条第（1）款和第（2）款提出请求后，必须在被授予专利权后 3 个月内且最迟应在本条第（5）款规定的专利有效期届满前提交本条第（3）款 a）项和 b）项提及的文件。

（5）根据本条第（2）款提交申请所授予的专利的有效期，应为自优先权日起 16 年。

（6）未遵守本条第（2）款、第（3）款 a）项和（b）项及第（4）款规定期限的，不予豁免。

第 83 条

源自在本法生效前授予发明专利或者外观设计专利的法律关系，应适用旧法。

---

❶ 经修订的关于行政费用的第 368/1992 号法令。

第 84 条

在本法生效前实施根据旧法受发明人证书保护的发明或者受证书保护的外观设计，或者在本法生效前根据合同授权实施的，不构成对专利所有人权利的侵犯。发明人针对该实施获得报酬的权利不应受到影响。

第 85 条

（1）本法生效前尚未终止处理合理化建议申请的，应当根据本法完成，本法第 73 条第（2）款规定的期限应自本法生效之日起算。

（2）对于源自在本法生效前已作出有利决定的合理化建议的法律关系，应适用旧法，合理化证书的有效期应为自本法生效之日起 3 年。

第 86 条

（1）针对发现的报酬，实施发明、外观设计或合理化建议的报酬，准备图纸、模型或原型而产生的适当费用的补偿，主动参与执行、试验和实施发现、发明、外观设计或合理化建议的报酬，以及探索发明或者合理化建议可能用途的报酬，如果是在本法生效前产生的，应当根据旧法的规定结算。

（2）一项受发明人证书保护且组织根据本法第 81 条第（3）款规定获得专利所有人权利的发明，如在本法生效后实施，该组织应当根据本法第 9 条第（4）款向发明人支付报酬。一项受证书保护且组织根据本法第 81 条第（3）款规定获得外观设计证书持有人权利的外观设计，如在本法生效后实施，该组织应当根据本法第 44 条第（4）款向外观设计持有人支付报酬。

（3）对于实施已授予合理化建议人证书的合理化建议的报酬的主张，如其在本法生效前已开始，应当受旧法调整。

第 87 条

在本法生效前已公告的专题任务，应当受旧法调整和处理。

◆ 授权、废止以及最终条款

第 88 条

专利局应当通过法令详细规定发明和外观设计的程序事项。

第 89 条

特此废止以下文件：

1. 关于发现、发明、合理化建议和外观设计的第 84/1972 号法律；

2. 关于发现、发明和外观设计程序的第 104/1972 号法律；

3. 关于合理化建议的第 105/1972 号法律；

4. 关于与外国在外国发明和外观设计方面关系的第 107/1972 号法律；

5. 关于发明、合理化建议和外观设计争议调解程序的第 93/1972 号法律；

6. 关于发现、发明、合理化建议和外观设计报酬的第 27/1986 号法律；

7. 关于发明、合理化建议和外观设计管理及其在国民经济中有序利用的第 28/1986 号法律；

8. 关于专题任务规划的第 29/1986 号法律；

9. 确定第 84/1972 号法律有关发现、发明、合理化建议和外观设计规定的例外情况的第 68/1974 号法律。

第 90 条

本法自 1991 年 1 月 1 日起生效。

商标法

商标法[*]

第1部分 商 标

第1章 总 则

◆ **商标的定义**

第1条

本法应实施欧盟相关规定❶，并进行商标管理。

第1a条 构成商标的标识

根据本法要求，商标可以包含任何标记，尤其是：文字（包括人名）、颜色、图案、字母、数字、商品的形状或包装，或者声音，只要该标记能够：

a）将某企业的商品或服务区别于其他企业的商品或服务；和

b）以公共部门及公众能够清晰、准确地界定受保护对象的方式，表达在商标注册簿（以下简称"注册簿"）上。

第2条

以下商标在捷克境内受到保护：

a）在工业产权局的注册簿上注册的商标（以下简称"本国商标"）；

b）根据《商标国际注册马德里协定》（以下简称《马德里协定》）或

---

* 本译文根据世界知识产权组织官网公布的捷克商标法（2022年修订）捷克语版本翻译。为方便阅读，原文中的尾注均被修改为页下注。——译者注

❶ 欧洲议会和欧洲理事会第2015/2436/EU号指令，2015年12月16日颁布，旨在协调成员国关于商标保护的法律规定（重编版本）。

《商标国际注册马德里协定有关议定书》❶（以下简称《马德里议定书》），通过世界知识产权组织国际局❷进行国际注册，在捷克具有效力的商标（以下简称"国际商标"）；

c）根据《欧洲议会和欧盟理事会欧盟商标条例》（以下简称《欧盟商标条例》），在欧盟知识产权局的注册簿上注册的商标（以下简称"欧盟商标"）；

d）根据《保护工业产权巴黎公约》（以下简称《巴黎公约》）❸ 第6条之二和《与贸易有关的知识产权协定》❹ 第16条，在捷克境内众所周知的商标（以下简称"驰名商标"）。

第3条

在本法中，在先商标，考虑到所主张的优先权（第20条），指：

a）以下3种申请注册日在先的注册商标：

1. 本国商标；

2. 国际商标；

3. 欧盟商标；

b）根据《欧盟商标条例》第39条和第40条，对上述a）项第1点和第2点规定的商标主张优先权利的（以下简称为"优先权"）欧盟商标，即使该商标已被所有权人放弃或失效；

c）根据a）项、b）项提出注册申请的商标，但须经注册；

d）驰名商标，于在后商标申请日之前已经受到保护，且该商标在在后商标申请之日仍受到保护。

---

❶ 《商标国际注册马德里协定》，1891年4月14日签署，1900年12月14日在比利时布鲁塞尔修订，1911年6月2日在美国华盛顿修订，1925年11月6日在荷兰海牙修订，1934年6月2日在英国伦敦修订，1957年6月15日在法国尼斯修订，1967年7月14日在瑞典斯德哥尔摩修订，经第65/1975号法令公布，经第78/1985号法令修订；商标国际注册马德里议定书》，1989年6月27日在西班牙马德里签订，经第248/1996号法令公布。

❷ 《建立世界知识产权组织的公约》，1967年7月14日在瑞典斯德哥尔摩签署，经第69/1975号法令公布，经第80/1985号法令修订。

❸ 《保护工业产权巴黎公约》，1883年3月20日签署，1990年12月14日在比利时布鲁塞尔修订，1911年6月2日在美国华盛顿修订，1925年11月6日在荷兰海牙修订，1934年6月2日在英国伦敦修订，1958年10月31日在葡萄牙里斯本修订，1967年7月14日在瑞典斯德哥尔摩修订，经第64/1975号法令发布。

❹ 《建立世界贸易组织的协定》附件1C，经第191/1995号法令公布。

◆ **拒绝保护的事由**

第 4 条

以下标志不得注册：

a）根据第 1a 条要求不构成商标的标志；

b）缺乏显著性的标志；

c）仅由在商业活动中可用于表明商品的种类、质量、用途、价值、商品或服务的原产地、商品的生产日期或提供服务的时间的符号或标记组成的标志，或表明商品或服务的其他特征的符号、标记组成的标志；

d）仅由目前语言中的习惯用语，或善意且公认的交易惯例中的符号或标记组成的标志；

e）仅由以下形状或特征组成的标志：由商品本身的特性决定的形状，或获得一定技术效果所必需的形状，或给予商品实质性价值的形状；

f）违反公共政策或公认道德的标志；

g）带有欺骗公众性质的，例如有关商品或服务的性质、质量或原产地的标志；

h）标志的主要部分包含或复制了在先植物品种的名称，且该名称已根据以下法律注册：捷克法律，欧盟法律，捷克或欧盟参加的、保护相同或近似种类植物品种权的国际协定；

i）包含根据《巴黎公约》第 6 条之三受保护的且未经有关当局授权注册的标志；

j）包含《巴黎公约》第 6 条之三规定之外的其他徽章、徽记或者纹章的标志，且使用该标志会影响公共利益的标志，但有关当局同意其注册的除外；

k）包含高度象征价值标记的标志，主要指宗教符号；

l）使用该标志将违反捷克或欧盟法律，或捷克或欧盟参加的国际协定要求捷克承担的义务，尤其是当上述规定涉及保证对原产地名称、地理标志、葡萄酒传统术语以及传统特色产品的保护时。

第 5 条

申请人提供证据证明上述第 4 条 b）项至 d）项的商标在申请注册前在申请注册的商品或服务类别上已通过使用获得显著性的，可以注册。

第6条　已废止

第7条

（1）以下主体向工业产权局提出商标注册异议（以下简称"异议"）的，被异议商标不予注册：

a）在先商标所有权人，其在先商标与申请注册商标相同，且其商标受保护的商品或服务类别与申请注册商标的申请保护类别相同；

b）在先商标所有权人，其在先商标与申请注册商标相同或近似，且其商标受保护的商品或服务类别与申请注册商标的申请保护类别相同或近似，可能导致公众混淆的，包括可能使公众联想到在先商标；

c）在先商标所有权人，其在先商标与申请注册商标相同或近似，不论该商标所适用的商品或服务与在先商标注册的商品或服务相同、近似或不近似，如果在先商标在捷克境内已经享有盛誉，或（如为欧盟商标）在欧盟境内已经享有盛誉，且无正当理由使用该商标将不正当利用或损害在先商标的知名度和良好口碑；

d）商标所有权人，如果代理人未经商标所有权人的许可，以自身名义申请注册该商标（申请），除非代理人能证明其行为具有正当性；

e）未注册商标或其他商业标志的使用者，在申请日以前就该未注册商标或标志已取得权利的，如果申请注册的商标与前述商标或标志相同或近似，且申请使用的商品或服务类别也相同或相似，可能导致公众混淆的，包括可能使公众联想到在先商标；

f）自然人，如果其个人权利（尤其是姓名权、肖像权，以及对个性表达的保护）可能受到所申请标志或有权主张该等权利的实体的侵犯；

g）著作权人，如果使用所申请的商标可能侵犯其作品；或

h）其他在先的工业产权人，如果使用所申请的商标可能侵犯其工业产权。

（2）已取得权利注册的第3条c）项规定的商标注册申请人、其他工业产权的注册申请人亦可根据本条第（1）款h）项提出异议。

（3）根据第（1）款有权提出异议的人（以下简称"异议人"），在异议提出后又书面同意该商标注册的，该异议视为撤回，且工业产权局应终止异议程序。

第2章 商标的效力

第8条 商标权

（1）商标所有权人就商标所涉及的商品或服务享有排他使用权。商标所有权人可凭注册簿摘要或者注册证书证明其权利。商标所有权人有权在商标上使用®符号。

（2）除本法另有规定（第10条至第11条）外，第三方未经商标所有权人的同意不得在商业活动中：

a）在与注册商标的商品或服务相同的商品或服务上，使用与注册商标相同的任何标志；

b）使用可能会造成公众混淆的任何标志，包括可能使公众将该标志与注册商标相联系，由于其与商标相同或近似，且由于其与商标所涉及的商品或服务相同或近似。

c）在与商标相同、近似或不近似的商品或服务上，使用与商标相同或近似的任何标志，如果该商标已经在捷克境内享有盛誉，且无正当理由使用该标志将不正当利用或损害在先商标的知名度和良好口碑。

（3）在第（2）款中，在商业中使用标志，特别是指：

a）在商品或商品包装上贴附该标志；

b）要约出售、将其投入市场，或为以上目的储存贴附该标志的商品，或使用该标志要约提供或提供服务；

c）进口或出口贴附该标志的商品；

d）在商业文书或广告上使用该标志；

e）将该标志作为商业名称或企业名称使用，或者作为商业名称或企业名称的一部分使用；

f）以违反其他法律规定的方式，在比较广告中使用该标志。❶

（4）如果第三国的商品或其包装上，未经授权使用了与同类商品上注册商标相同或实质上无法区分的标志，在先注册商标的所有权人有权阻止第三

---

❶ 民法典第2980条；关于广告监管的第40/1995号法令和关于广播和电视广播经营的第468/1991号法令及其修正案。

国商品在商业过程中进入捷克，不放行货物的自由流通。在直接根据欧盟法规❶所提起的商标侵权诉讼中，如果申诉人或相关商品的持有人提供证据证明商标所有权人无权禁止有关商品在最终目的国家销售，则不适用本规定。

（5）代理人未经商标所有权人许可，以代理人的名义注册该商标的，除非该代理人能够证明其行为的正当性，商标所有权人有权阻止该代理人使用该商标。

第 8a 条

如果存在以下风险，即可能针对商品或服务使用包装、标签、标记、证明安全性或真实性的特征或器件或其他任何贴附商标的工具，且该使用根据第 8 条第（2）款和第（3）款的规定可能侵犯商标所有权人权利，商标所有权人有权在交易中禁止以下行为：

a）在包装、标签、标记、证明安全性或真实性的特征或器件，或其他任何贴附商标的工具上，贴附与其商标相同或近似的标记；

b）要约出售或投放市场，或为此目的存储，或进口或出口上述包装、标签、标记、证明安全性或真实性的特征或器件，或其他任何贴附商标的工具。

第 9 条　商标被编入词典

如果注册商标被编入印刷或电子形式的词典、百科全书或类似参考书中，使人认为该商标为该类商品或服务的通用名称的，出版社应根据商标所有权人的要求，及时注明该词语为注册商标，如果是印刷版本，应最迟在下一版中注明。

第 10 条　商标效力的限制

（1）如果第三方的使用行为符合商业惯例及公平交易原则，商标所有权人无权禁止第三方在商业中使用：

a）自然人的姓名或地址；

b）缺乏任何显著性，或者有关商品或服务的种类、质量、数量、用途、价值、地理产地、生产时间的标志或符号；或

---

❶ 欧洲议会和欧洲理事会关于海关当局执行知识产权法的第 608/2013/EU 号条例，2013 年 6 月 12 日颁布，废除欧盟理事会第 1383/2003/EC 号条例。

c）用于指示商品或服务来源于特定商标所有权人的商标，特别是在必须使用该商标来指示商品或服务的特定用途的情况下，尤其是配件或零部件；

（2）在商标注册申请日前，已经有人使用相同或近似商标，且该使用行为符合捷克法律的，商标所有权人不得禁止该使用。

第 10a 条

（1）商标所有权人有权根据其他法律规定❶，要求法院禁止使用某一标志，但仅限于其商标权在诉讼提起之时无法根据第 31 条第（1）款 a）项被撤销。

（2）如果在诉讼提起之日商标注册已满 5 年，商标所有权人应根据被告的要求，提供证据证明在提起诉讼之日前 5 年内已根据第 13 条的规定在注册商标的商品或服务上实际使用了该商标，或提供证据说明不使用的正当理由。

第 10b 条

（1）在先商标所有权人无权根据其他法律❷，要求法院禁止在后商标的使用，除非在后商标根据第 12 条第（1）款或第（3）款、第 32b 条第（2）款或第（3）款被宣告无效；

（2）在先商标所有权人无权根据其他法律❸，要求法院禁止在后欧盟商标的使用，除非在后欧盟商标根据《欧盟商标条例》第 60 条第（1）款、第（3）款或第（4）款，或第 61 条第（1）款、第（2）款，或第 64 条第（2）款被宣告无效；

（3）如果根据第（1）款、第（2）款的规定，在先商标所有权人无权要求法院禁止在后商标的使用，即使在先商标不能向在后商标主张在先权，在后商标注册人也无权要求法院禁止在先商标的使用。

第 11 条　商标权的穷尽

（1）商标所有权人无权禁止由其投入或经其同意投入欧盟成员国或者其他欧洲经济区成员国市场的标有该商标的商品使用其商标。

---

❶❷❸ 关于执行工业产权权利和修改工业产权保护法的第 221/2006 号法令（工业产权执行法），经第 286/2018 号法令修改。

（2）如果商标所有权人有法定理由反对商品继续商业化，尤其是商品在投入市场后商品质量改变或恶化的情况下，上述第（1）款不适用。

第 12 条

（1）在先商标所有权人在知情的情况下，连续 5 年默许在后商标人使用与其相同或近似商标的，不得再申请宣告在后商标针对其所使用的商品或服务无效，除非在后商标的注册申请并非善意。

（2）在后商标所有权人无权禁止相同或近似商标的在先使用人使用其商标，也无权请求宣告该在先商标无效，即使在先商标所有权人已经不能向在后商标主张在先权。

（3）第 7 条第（1）款 e）项规定的在先商标使用人在知情的情况下，连续 5 年默许在后相同或近似商标使用的，不得再申请宣告在后商标针对其所使用的商品或服务无效，除非在后商标的注册申请并非善意。

第 3 章　商标的使用

第 13 条　商标的使用

（1）商标所有权人自商标注册之日起 5 年内未在其注册商标的商品或服务上真实使用，或者连续 5 年中止使用该商标的，应适用第 10a 条、第 26a 条、第 31 条或第 32c 条，有正当理由不使用的除外。对于指定捷克的国际商标，其注册日应为不能再根据《马德里协定》或《马德里议定书》的规定拒绝保护之日；如果该商标已经根据第 4 条被拒绝保护，或者已经根据第 7 条被提出异议，则 5 年期限从该等程序中的决定为终局决定且无法向法院提出异议之日起算。欧盟商标的真实使用应根据《欧盟商标条例》第 18 条予以确定。

（2）在第（1）款中，商标的真实使用亦应包括：

a）以不同元素的形式使用商标，但不改变商标在其注册形式中的显著特征，无论所使用形式的商标是否也以所有权人名义注册；

b）仅为出口目的，将商标贴附在商品或其包装上。

（3）经商标所有权人同意而使用商标，以及被授权人使用集体商标和证明商标的，应视为商标所有权人的使用。

第14条　已废止

第4章　作为财产权客体的商标

◆ 所有权变更

第15条

（1）商标可以独立于企业转让，也可以就其注册使用的部分或全部商品或服务单独进行转让。商标转让应采取书面合同形式。

（2）商标的转让可根据其他法律进行。❶

（3）商标转让在登记于注册簿后生效。任何缔约方均可以要求进行转让登记。

（4）经登记的商标转让对第三方生效。原商标所有权人的法定受让人或其他被授权人有权要求转让登记。自转让登记申请送达之日起，受让人可向工业产权局行使该商标的有关权利。

（5）工业产权局应当自收齐所需材料之日起1个月内，将本条第（3）款至第（4）款规定的内容登记于注册簿上。

（6）商标转让或转移登记的申请应包括：

a）原商标所有权人的身份信息；

b）商标受让人的身份信息；和

c）关于商标转让是针对商标注册的所有还是部分商品或服务的信息，按照国际分类表❷顺序列出，包括相应分类代码。

（7）商标转让的登记申请应该附上商标的转让文件或其摘录，或其他能够证明商标所有权人变更的文件（如有）。申请商标转让的，应同时附上商标转让文件。

（8）商标注册申请权的转让和让与，参照适用第（1）款至第（7）款的规定。

---

❶ 民法典第 1670 条及其后条款。

❷ 1957 年 6 月 15 日签署的《商标注册用商品和服务国际分类尼斯协定》，经 1967 年 7 月 14 日瑞典斯德哥尔摩及 1977 年 5 月 13 日瑞士日内瓦修订，经第 118/1979 号法令公布，经第 77/1985 号法令修订。

第 16 条

（1）在《巴黎公约》成员国或世界贸易组织❶成员注册其商标的商标所有权人，可以向法院请求，对代理人未经授权以自己名义注册其商标的行为进行纠正，将其变更为商标所有权人。

（2）工业产权局在接到变更请求后，应当根据法院最终判决，将商标所有权人的变更登记在册，并在工业产权局的官方公报（以下简称"官方公报"）中予以公告。请求变更商标所有权人的，应同时提供法院的最终判决。

第 17 条　其他权利

（1）商标可以作为担保或其他物权的客体，可以作为强制执行程序、扣押程序的客体，亦可根据其他法律，将商标纳入资产中。❷

（2）根据请求，工业产权局应当在收齐所需材料之日起的 1 个月内，将本条第（1）款规定的内容登记于注册簿上。

（3）其他权利的登记请求应当包括：

a）商标所有权人的身份；

b）针对其他权利获授权人的身份。

（4）请求登记商标担保的，应当附有担保合同，以及法院或行政机关的决定；请求登记强制执行或扣押程序的，应当附有法院或行政机关的决定或扣押命令。

（5）除非其他法律另有规定，商标权的担保自登记在注册簿中之时成立。

（6）其他权利申请，参照适用第（1）款至第（5）款的规定。

第 18 条　许　　可

（1）商标所有权人可根据其他法律规定❸订立合同，针对注册商标的部分或全部商品，许可商标使用权。许可可以是独占的或非独占的。

（2）如果被许可人违反以下合同规定，商标所有权人可就其商标所有权提起诉讼：商标使用期限、商标使用形式、授予许可的商品或服务的范围、

---

❶ 《建立世界贸易组织的协定》，经第 191/1995 号法令发布。

❷ 经修订的关于破产和解散方式的第 182/2006 号法令。

❸ 民法典第 2358 条至第 2370 条。

商标使用的区域、被许可人所生产商品或提供服务的质量。

（3）被许可人有权加入商标所有权人根据其他法律提起的商标侵权诉讼，就其损失获得赔偿。

（4）许可自登记在注册簿中起对第三方产生效力；任何缔约方均有权要求在注册簿中注明。

（5）在注册簿上登记许可的申请应包括：

a）许可人的身份信息；

b）被许可人的身份信息；

c）许可涉及的商品或服务的信息，或许可涉及所有商品或服务的信息；和

d）许可是独占许可或非独占许可。

（6）登记许可的请求，应附上许可合同或其摘录，或其他证明授予许可的文件。

（7）任何缔约方均可请求更改或撤销许可登记。

（8）商标注册申请的许可，参照适用第（1）款至第（7）款的规定。

第18a条　商标共同所有

（1）多人就同一商标享有权利（共同所有权人）的，其关系由其他法律调整。❶

（2）除非共同所有权人另有约定，每个共同所有权人均有权使用商标。

（3）除非另有约定，根据第18条订立的许可合同要有效，需要全体共同所有权人的同意。各共同所有权人均有权单独提起商标侵权主张。

（4）转让商标需要全体共同所有权人的同意。商标共同所有权人可以将其份额转让给其他共同所有权人，无须其他共同所有权人同意。其他共同所有权人在收到书面转让要约后1个月内未予以承诺的，共同所有权人方可将其份额转让给第三方。

（5）多人提交商标注册申请的，参照适用第（1）款至第（4）款的规定。

---

❶ 民法典第1115条及其后条款；关于商业公司和合作社的第90/2012号法令（商业公司法）第32条。

第5章 申 请

第19条 申 请

（1）商标注册申请需向工业产权局提交；每份注册申请只能针对一项商标提出。

（2）申请书应包括：

a）申请人的身份信息；

b）申请注册的商品或服务名录；和

c）申请注册商标的文字、图形或其他表达，应符合第1a条b）项的要求。

（3）由他人代理申请的，应提交代理人的身份信息，同时附上代理文件；

（4）申请人根据第20条主张优先权的，应在申请书中注明其主张优先权的商标申请日期，以及递交该申请的国家。申请人对多份商标申请主张优先权的，必须指明每项优先权申请对应的商品或服务。

（5）申请人应当在申请中指明申请注册的商标类型。商标的具体类型以及对应的表达要求，参见附件1。

（6）工业产权局应当在其网站上公布以电子形式申请注册标志表达的技术性要求。申请注册的标志不是以电子形式表示的，申请人应当提交 A8 至 A4 纸张大小且能够清晰重现商标所有细节、特征或颜色的图示。

（7）拟注册的商标方位不明显的，应当在每份复印件中标明"顶端"字样。申请商标中含有非拉丁文字符的，应当将其译成拉丁文。

（8）递交样品或图样的，不构成申请商标的恰当表达。

第19a 条

（1）商标申请注册的商品或服务应当与商标注册商品和服务国际分类❶系统相吻合。工业产权局应当在其网站上公布用于商标注册的商品或服务国际分类。

（2）申请人应当清晰、准确地指出其申请保护的商品或服务，使主管机

---

❶　1957 年 6 月 15 日签署的《商标注册用商品和服务国际分类尼斯协定》，经 1967 年 7 月 14 日瑞典斯德哥尔摩及 1977 年 5 月 13 日瑞士日内瓦修订，经第 118/1979 号法令公布，经第 77/1985 号法令修订。

关和商业经营者仅凭该表达便能确定其寻求保护的范围。

（3）就第（2）款而言，可以使用国际分类表中类别标题的概括性表达或其他概括性词汇，只要该表达能够达到清晰、准确的标准。

（4）概括性词汇，包括国际分类表中类别标题的概括性描述，应当被解释为其字面意义所清晰涵盖的所有商品或服务，该等词汇或描述的使用不得被解释为涵盖无法如此理解的商品或服务主张。

（5）申请人申请注册多个类别的，应当根据国际分类对拟申请的商品和服务进行分组，每组前标明该组商品或服务所对应的类别编码，并按类别顺序列出。

（6）商品和服务不因在国际分类中同属一类而被认定为构成近似，也不因在国际分类中分属不同类别而被认定为不构成近似。

第20条　申请日

（1）工业产权局应当记录提交申请的日期。申请人自其申请日起，对任意第三方随后针对相同或近似商品或服务类申请注册的相同或近似商标，享有优先权。

（2）申请人在申请中根据《巴黎公约》主张优先权的，必须在提交申请后3个月内提交证明，否则工业产权局不予受理。申请注册的国家为《巴黎公约》的成员或世界贸易组织成员的，可以主张优先权；如果首次申请所在国家既不是《巴黎公约》的成员国也不是世界贸易组织的成员国，则仅在互惠条件下享有优先权。证明其优先权的期限不可延长、不可补救。

（3）应申请人的要求，工业产权局应颁发优先权授予证书（优先权证书）。

第6章　申请程序

第21条　形式审查

（1）工业产权局应对申请是否符合第19条和第19a条的规定进行审查。

（2）注册申请不符合第19条第（2）款的规定的，工业产权局应当要求申请人在规定期限内补正，该期限不应少于2个月。申请人按要求补正的，工业产权局应当将补正完成之日认定为商标申请日。

（3）注册申请不符合第19条第（1）款、第（3）款、第（5）款、第（6）款或第（7）款规定的，或不符合第19a条第（1）款、第（2）款或第

（5）款规定的，工业产权局应当要求申请人在规定期限内补正，该期限不应少于2个月。

（4）第（2）款、第（3）款所述缺陷未能补正的，工业产权局应驳回该注册申请。

（5）第19a条第（1）款、第（2）款或第（5）款所述缺陷，仅针对部分商品或服务未能补正的，工业产权局应仅针对未能补正的商品或服务驳回注册申请。

第22条 实质审查

（1）申请注册的商标不符合第4条规定的，工业产权局应驳回申请。申请注册的商标仅针对某些商品或服务不符合注册条件的，工业产权局应仅针对该等商品或服务驳回申请。工业产权局应将有关驳回申请的决定公布在官方公报中。

（2）在驳回申请前，工业产权局应允许申请人就工业产权局的拟驳回事由提交意见。

第23条 申请公告

符合本法规定的商标注册申请条件的，工业产权局应该在官方公报中公告该申请。

◆ 第三方意见和异议

第24条 意　见

（1）在第25条规定的商标异议期内，任何人均可根据第4条规定的事由向工业产权局提交意见；工业产权局应当在注册过程中考虑上述意见。意见提出者不得作为该程序的一方当事人。

（2）工业产权局应将有关意见和审议结果告知申请人，申请人可以在工业产权局规定的期限内就通知内容作出评论。工业产权局应将有关审议结果告知意见提出方。

（3）第（1）款规定的意见不能依据第7条提出。

（4）以纸质形式提交意见（包括证据）的，应当一式两份。

第25条 异 议

（1）本法第7条所述的人可以在商标申请公布之日起3个月内提出异议；商标注册异议通知可基于第7条规定的事由。提出异议的期限不可延长、不可补救。

（2）异议通知必须说明理由并附上可供审查的证据。超过上述第（1）款规定期限的，工业产权局不接受对异议内容的修改或提交支持异议的证据。

（3）异议通知可以基于一项或多项在先权利提出，只要上述权利均属于同一异议人。

（4）异议可基于受在先权利保护或所申请的部分或全部商品或服务，且可涉及针对其提交申请的所有或部分商品或服务。

（5）异议应包括：

a）异议所涉及的商品或服务说明，或说明异议涉及申请中所述所有商品或服务；

b）异议人主张异议所基于的在先权利；和

c）异议基于的商品或服务，或说明异议是基于受异议人在先权利保护的所有商品或服务。

（6）以纸质形式提交异议通知（包括证据）的，应当一式两份。

第26条 异议程序

（1）异议未由第7条规定的人在法定期限内提出，且未说明理由或提交证据的，工业产权局应驳回异议。

（2）除非根据第（1）款的规定驳回异议，工业产权局应当通知申请人异议的内容，并规定期限由申请人就异议提交意见。申请人在规定期限内未提出意见的，工业产权局应根据提交的异议内容作出决定。

（3）工业产权局认定申请注册的标志未侵犯第7条所述异议人的合法在先权利的，工业产权局应驳回异议。

（4）工业产权局认定申请注册的标志侵犯了第7条所述异议人的合法在先权利的，工业产权局应驳回注册申请。有理由仅针对部分商品或服务驳回申请的，工业产权局应仅针对该等商品或服务驳回商标注册申请。

（5）工业产权局应当在官方公报中公告驳回注册信息或异议信息。

第 26a 条　关于异议程序中商标使用证明的特殊规定

（1）在先商标的注册日期早于商标申请注册或申请优先权的日期至少 5 年的，应申请人的请求，异议人应证明在商标注册申请或优先权申请的前 5 年内，针对注册且提出异议的商品或服务，在先商标已根据第 13 条实际使用，或存在不使用的正当理由。

（2）申请人可在收到异议通知后 2 个月内向工业产权局提出第（1）款所述请求。请求提供在先商标使用证明的期限不可延长、不可补救。

（3）提供在先商标使用证明的请求，应包括：

a）异议人在先商标的注册号码；

b）要求证明商标使用的商品或服务，或针对提出异议的所有商品或服务要求提供使用证明；和

c）采纳该要求的正当理由，包括说明该要求根据第（1）款规定涉及一项或多项在先商标。

（4）请求应当是无条件的、清楚的，且应当单独提交。

（5）以纸质形式提交请求的，应当一式两份。

（6）证明在先商标使用的请求不符合要求，或者超出第（2）款规定期限提交的，该请求视为未提交，由工业产权局在异议决定中予以说明。

（7）异议人应在收到工业产权局通知后 4 个月内提交其实际使用在先商标的证据或关于不使用的正当理由的证据。该期限不可延长或补救。以纸质形式提交实际使用证据的，应当一式两份。

（8）在先商标仅针对注册的部分商品或服务进行实际使用的，就异议审查而言，该商标应被视为仅针对该等商品或服务进行注册。

（9）异议人未能根据第（1）款规定在法定期限内提供实际使用在先商标的证据或不使用的正当事由，且该在先权利是提出异议的唯一事由的，工业产权局应当驳回异议。

第 26b 条　和　　解

在异议程序中，申请人和异议人共同请求的，工业产权局应当规定不少于 2 个月的和解期限。

第 27 条　申请的修改

（1）在提交申请之后，不能对申请进行任何更改，特别是不能扩大申请的商品和服务名录，但另有规定的除外。

（2）经申请人要求，商标申请可予以修正，但仅限于更正申请人的姓名或名称、公司名称、居住地址、注册办公地址、文字或复制错误，或其他明显错误，前提是该修正符合事实，且没有实质上改变申请的标志。修正若影响了申请的标志或商品、服务名录，且是在申请公告之后进行的，商标申请应按修正的情况重新公告。

（3）申请人可以随时撤回申请。工业产权局应在申请撤回后终止申请程序。

（4）申请人可以随时要求缩小申请中的商品、服务名录，该修改不能撤回。

（5）申请人可以拆分针对多项商品或服务的商标申请。拆分申请应保留原申请的优先日期，但应仅含有原申请中的商品或服务。

（6）请求变更申请的，应当说明请求的变更事项。请求拆分申请的，申请人应当说明请求拆分的内容与涉及的商品或服务名录，根据国际分类表分组列出并标上对应的类别号码，注明每个拆分申请的在先申请日期。请求缩小申请范围的，申请人应当说明缩小的商品或服务，根据国际分类表分组列出并标上对应的类别号码。

（7）已注册商标，参照适用第（1）款、第（2）款、第（4）款至第（6）款的规定。

第 28 条　注　　册

（1）商标申请符合本法规定，申请程序没有终止，且在第 25 条第（1）款规定的期限内未收到异议通知，或异议被最终决定驳回或终止的，工业产权局应当登记该商标及其注册日期，并向商标所有权人颁发商标注册证。

（2）工业产权局应在官方公报中公告商标注册情况。

（3）商标注册自注册之日起生效。

第 7 章　商标注册的期限和续展

第 29 条　商标注册的期限和续展

（1）注册商标的有效期为 10 年，自申请提交之日起开始计算。商标所有

权人不申请续展的，商标权失效。工业产权局应最晚在商标注册期届满前 6 个月，通知商标所有权人其商标注册即将期满。根据其他法律行使国家权力导致未能发出上述通知，造成损失的，国家不负赔偿责任❶，注册期届满不受影响。

（2）商标所有权人请求续展的，注册商标应当续展 10 年。续展请求应当在注册期满前 12 个月内提出，最迟在有效期届满之日提出。商标续展的期限不可延长、不可补救。

（3）续展请求最迟可在商标期限届满后的 6 个月内提出。

（4）未在第（2）款或第（3）款规定的期限内提出续展请求的，视为未提交。

（5）仅对商标注册的某些商品或服务提出续展请求的，续展仅适用于该等商品或服务。

（6）仅对商标注册的某些商品或服务提出续展请求的，所有权人应当表明请求续展的商品或服务，或者不请求续展的商品或服务。

（7）续展自商标注册期满之日起生效。工业产权局应登记续展信息，并在官方公报中予以公告。

第 29a 条　关于续展的特殊规定

（1）商标被工业产权局的最终决定予以撤销或宣告无效，但根据另一法律规定，仍需由法院审查❷的，申请人可以在第 29 条第（2）款或第（3）款规定的期限内申请商标续展，如同商标已注册一样。

（2）如果标志自提出申请之日起 10 年内仍未注册的，申请人可以提出续展请求，如果商标在该期限的最后一年被注册一样。申请人可以在第 29 条第（2）款或第（3）款规定的期限内提出请求。

第 8 章　放弃、撤销和无效

第 30 条　商标权的放弃

商标所有权人可声明放弃其注册的全部或部分商品或服务上的商标权；

---

❶　关于因行政决策或不当行政程序造成的损害赔偿责任以及捷克国民议会关于公证人及其活动的第 358/1992 号法令（公证法）的修正案的第 82/1998 号法令。

❷　行政法院法（第 150/2002 号法令），经第 192/2003 号法令修订。

放弃自声明提交至工业产权局后生效，不能撤回。工业产权局应在注册簿上记录放弃的商标权，并在官方公报中予以公告。

第31条 撤 销

（1）在第三方申请发起的程序中，存在以下任一情形的，工业产权局应撤销该商标：

a）在申请撤销前的连续5年内，商标未针对注册的商品或服务实际使用，且无不使用的正当理由；在提出撤销申请前3个月内，连续5年未使用的商标开始使用或恢复使用的，且仅在商标所有权人意识到撤销商标的请求可能会被提交之后，准备使用或恢复使用的，不予考虑；

b）由于商标所有权人的作为或不作为，导致商标成为所注册商品或服务的商业通用名称的；

c）由于商标所有权人针对注册的商品或服务使用商标的行为，或者经其同意的上述使用行为，导致商标误导公众的，尤其是误导该等商品或服务的性质、质量或地理原产地的。

（2）在法院最终判决宣布使用该商标构成不正当竞争后的6个月内，提起商标撤销程序的，工业产权局应当撤销该商标。提交撤销商标申请的期限不可延长、不可补救。

（3）商标撤销申请应当说明理由，根据第（1）款b）项或c）项，或第（2）款提出撤销申请的，应当提交可供审查的证据。

（4）商标撤销申请可以针对该商标注册的部分或全部商品或服务。

（5）商标撤销申请应当说明针对的商品或服务，或说明针对该商标注册的全部商品或服务。

（6）以纸质形式提交商标撤销申请（包括证据）的，应当一式两份。

第31a条 商标撤销申请程序

（1）工业产权局应当通知商标所有权人有关商标撤销的申请，并规定期限由所有权人就撤销申请提交意见；根据第31条第（1）款a）项提出撤销申请的，所有权人应提交实际使用的证明。即使在规定期限内商标所有权人未就撤销申请提交意见，工业产权局仍应当作出决定。

（2）以纸质形式提交已实际使用商标的证据的，应当一式两份。

（3）工业产权局认定商标撤销申请缺乏正当事由的，应予以驳回。

（4）工业产权局认定存在根据第 31 条进行撤销的事由的，应撤销商标。撤销事由仅涉及商标注册的部分商品或服务的，工业产权局应仅在该等商品或服务范围内撤销商标。

（5）在商标所有权被撤销的范围内，该商标应被视为标志，且自撤销申请提交之日起失去本法规定的效力。应撤销程序当事人的要求，工业产权局可以在商标撤销决定中说明撤销事由发生的另一较早日期。

第 32 条　无　　效

（1）商标注册违反第 4 条规定的，或非善意申请的，工业产权局应在第三方申请发起的程序中，宣告该商标无效。

（2）商标注册违反第 4 条 b）项、c）项或 d）项规定，但在无效宣告程序发起前，该商标已通过使用而针对其所注册的商品或服务获得显著性的，不得宣告无效。

（3）第 7 条所述的人根据该条所述事由发起商标无效宣告程序的，工业产权局应该宣告商标无效。

（4）主张第 7 条规定的在先权利的，相关条件应当在商标注册申请日前，或在后商标的优先权申请日前已经实现。

（5）商标被宣告无效的，应视为从未注册。

（6）商标所有权人放弃其商标、商标失效或被撤销后，仍可宣告该商标无效。

（7）商标无效事由仅针对注册商标的部分商品或服务的，商标仅针对该等商品或服务无效。

◆ 申请宣告商标无效的程序

第 32a 条

（1）宣告商标无效的申请应当说明理由，并附上可供审查的证据。

（2）根据第 32 条第（3）款申请宣告商标无效的，可基于一项或多项在先权利，只要该等权利属于同一申请人。

（3）申请宣告商标无效的，可针对商标注册的全部或部分商品或服务。

（4）工业产权局应当告知商标所有权人商标无效宣告申请，并规定期限由商标所有权人就无效宣告申请提交意见。即使所有权人不提交意见，工业产权局亦应当作出决定。

（5）商标宣告无效申请应当包括：

a）申请宣告商标无效的商品或服务，或说明申请涉及所有商品或服务；

b）申请是根据 32 条第（3）款提出的，说明申请基于申请人的在先权利；和

c）申请基于的商品或服务，或说明申请是基于受申请人在先权利保护的所有商品或服务。

（6）以纸质形式提交商标无效宣告申请的，应当一式两份，并附上证据。

第 32b 条

（1）存在以下任一情况的，工业产权局应当驳回商标无效宣告申请：

a）商标不是因为违反第 4 条的规定或符合第 32 条第（2）款规定的条件而被拒绝注册的；

b）商标注册申请是善意提出的；或

c）商标注册并未侵犯第 7 条规定的第三方合法在先权利。

（2）申请人不能证明根据第 32c 条实际使用在先商标，或不使用的正当理由，且该在先权利是无效宣告申请的唯一事由的，工业产权局应当驳回申请；或者工业产权局应当在审查申请时，忽略该商标。

（3）如果商标无效宣告申请是建立在与在先商标冲突的基础上，且该申请因以下任一原因于在后商标的申请日或优先权日时不能成立的，不应宣告商标无效：

a）可能根据第 4 条 b）项、c）项或 d）项的规定被宣告无效的在先商标，未取得第 5 条规定的显著性的；

b）商标无效宣告申请是基于第 7 条第（1）款 b）项规定的事由，但在先商标尚未取得足够的显著性以证明存在混淆可能性的；或

c）商标无效宣告申请是基于第 7 条第（1）款 c）项规定的事由，但在先商标尚未取得声誉的。

（4）基于商标所有权人已放弃或允许其失效的商标针对欧盟商标主张优先权，可宣告作为主张优先权基础的商标无效，或者商标所有权人针对该商标的权利可随后予以撤销，但前提是在商标所有权人放弃或允许其失效时商标本可能被宣告无效或被撤销，在此种情况下，优先权失效。

第 32c 条　商标无效宣告程序中关于证明商标使用的特殊规定

（1）如果在根据第 32 条第（3）款提起的商标无效宣告申请之日在先商标已经注册至少 5 年，应在后商标所有权人请求，申请人应当证明在提交商标无效宣告申请前 5 年内，在先商标已根据第 13 条针对商标注册及商标无效宣告所基于的商品或服务实际使用，或不使用存在正当理由。如果于在后商标申请注册提交之日或在后商标优先权日，在先商标已经注册至少 5 年，申请人应当证明在该日期，商标已达到第 13 条规定的要求。

（2）在后商标的所有权人最迟可以在工业产权局向在后商标所有权人发送通知，要求其针对无效宣告申请提交意见后 2 个月内根据第（1）款规定向工业产权局提交请求。要求提供在先商标使用证明的期限不可延长、不可补救。

（3）证明商标使用的请求不符合要求内容的，或超出第（2）款规定期限的，应当视为未提交；工业产权局应当在无效宣告申请的决定中说明该事实。

（4）要求提供在先商标已被实际使用的证据的，应当包括：

a）申请人在先商标的注册号码；

b）要求证明商标使用的商品或服务，或针对商标无效宣告申请所基于的所有商品或服务要求证明使用；以及

c）采纳该要求的正当理由，内容包括表明该要求根据第（1）款涉及一项或多项在先商标。

（5）请求应当是无条件的、清晰的，且应单独提交。以纸质形式提交的，应当一式两份。

（6）在收到工业产权局通知的 4 个月内，申请人应提供在先商标实际使用的证据，或不使用的正当理由。以纸质形式提交实际使用证据的，应当一式两份。

（7）仅针对注册的部分商品或服务实际使用在先商标的，就无效宣告审查而言，应认为该商标仅针对该等商品或服务进行注册。

第 33 条　关于商标撤销和无效效力的相关规定

（1）商标撤销或无效的效力不影响以下内容：

a）在商标撤销或无效决定生效之前已生效或执行的商标侵权判决；

b）在商标撤销或无效决定生效之前缔结的合同，仅限于在（撤销或无效）决定生效前，该合同已履行的部分；但可以放弃该合同已履行的部分。

（2）第（1）款规定不影响商标所有权人承担侵权损害或不当得利的责任。

第34条 已废止

第9章 关于集体商标和证明商标的相关规定

第35条 集体商标

（1）集体商标，指用于并能够表明商品或服务来自特定法律实体的成员或股东，以区别于其他主体提供的商品或服务的商标。

（2）集体商标的注册申请可由法律实体提交，尤其是根据相关组织法律规定，拥有民事行为能力和法律人格的联盟（制造者、生产者、服务提供者或商人联盟），以及受公法调整的法律实体。

（3）除第4章另有规定外，第1章至第8章、第10章、第11章的规定适用于集体商标。

第36条 集体商标的注册申请要求

（1）除第19条规定的要求外，集体商标的申请必须包含经授权使用该商标的申请人的成员或股东的身份信息。

（2）集体商标的申请必须附上集体商标使用协议，该协议应至少说明经授权使用该集体商标的主体、获得该法律实体成员资格的条件，以及使用该集体商标的条件，包括处罚。

第37条 集体商标的注册申请审查

（1）工业产权局应在第21条、第22条的范围内审查集体商标的申请，在第35条第（1）款的范围内审查第4条b）项规定的要求。

（2）除第4条规定的拒绝注册事由外，发生以下任一情况的，工业产权局应驳回集体商标注册申请：

a）申请不符合第35条或第36条的要求的；

b）使用协议违反公共政策或公认的道德准则的；或

c）公众容易对集体商标的性质或意义产生误解，尤其是该商标可能被认

为是集体商标以外的其他东西的。

（3）除根据第 24 条的理由外，还可根据第（2）款 b）项、c）项或第 36 条（2）款的理由，对集体商标的注册申请提出意见。

（4）集体商标使用协议经申请人修改后符合第（2）款要求的，不应拒绝该集体商标注册申请。

（5）集体商标注册申请符合本法要求的，工业产权局应当注册该集体商标，申请人成为集体商标的所有权人。

第 38 条　集体商标权

（1）记录在注册簿上的集体商标所有权人的成员或股东，拥有针对集体商标所涵盖的商品或服务使用该集体商标的专有权。

（2）除本章另有规定外，集体商标所有权人享有本法第 2 章规定的权利。

（3）遵照使用协议规定的条件，集体商标所有权人的成员或股东享有本条第（1）款规定的权利。

（4）集体商标所有权人有权代表经授权行使第（1）款所述权利的成员或股东，对未经授权使用该商标造成的损失主张赔偿。

（5）为主张损害赔偿，第（1）款所述的所有权人的成员或股东，可以加入集体商标的侵权诉讼。

第 38a 条　对使用协议的修正

（1）应集体商标所有权人的要求，工业产权局应当登记集体商标所有权人成员或股东组成的变更情况。

（2）集体商标所有权人应当向工业产权局提交对使用协议的任何修正。

（3）使用协议的修正满足第 36 条第（2）款规定要求，且不涉及第 37 条第（2）款 b）项或 c）项的拒绝注册事由的，应当记录在注册簿上。

（4）使用协议的修正自记录在注册簿上之日起对第三方生效。

第 39 条　集体商标权的限制

集体商标不得许可。

第 40 条　集体商标的撤销和宣告无效

（1）除第 31 条规定的事由外，发生以下任一情况的，工业产权局应当撤销集体商标：

a）集体商标所有权人未采取合理措施，阻止以违反使用协议（包括已记录在注册簿上的任何修正）规定的方式使用该集体商标的行为的；

b）已记录在注册簿上的使用协议修正违反第38a条规定的，但集体商标所有权人再次修改使用协议使其符合本条要求的除外；

c）获授权主体使用该商标的方式，容易以第37条第（2）款c）项规定的方式导致公众产生误解的。

（2）宣告集体商标无效的，适用第32条的规定；应在第35条第（1）款规定的范围内考虑集体商标是否符合第4条b）项的要求。集体商标违反第37条第（2）款规定的，除非该商标所有权人再次修改使用协议，使其符合第37条第（2）款的要求，工业产权局应当根据商标无效宣告申请，宣布该集体商标无效。

第40a条　证明商标

（1）证明商标，指用于特定商品或服务上的商标，表明其材料、商品制造方式或服务性能、质量、精度或其他特性经商标所有权人认证，从而能够将该商品或服务与未经认证的其他商品或服务相区分。

（2）任何有资格认证证明商标对应的商品或服务的自然人或法律实体，均可申请注册证明商标，但是申请人不得从事涉及提供所认证商品或服务的商业活动。

（3）除第4章另有规定外，第1章至第8章、第10章、第11章的规定适用于证明商标。

第40b条　证明商标注册申请的要求和审查

（1）申请证明商标应附上使用规定。使用规定的要求见本法附件2。

（2）工业产权局应在第21条、第22条的范围内审查证明商标的注册申请，在第40a条第（1）款的范围内审查第4条b）项规定的要求。

（3）除第4条规定的拒绝注册事由外，发生以下任一情况的，工业产权局应当驳回证明商标的注册申请：

a）申请不符合第（1）款或第40a条要求的；

b）使用规定违反公共政策或公认的道德准则的；或

c）公众容易对证明商标的性质或意义产生误解，尤其是该商标可能被认

为是证明商标以外的其他东西的。

（4）证明商标使用规定经申请人修改后符合第（3）款要求的，不应拒绝该证明商标注册申请。

（5）除根据第24条规定的理由外，还可根据第（3）款规定的理由对证明商标的注册申请提出意见。

（6）证明商标注册申请符合本法要求的，工业产权局应当注册该证明商标，申请人成为证明商标的所有权人。

（7）工业产权局应将证明商标的使用规定记录在注册簿上。

第 40c 条　证明商标使用规定的修正

（1）证明商标所有权人应当向工业产权局提交对使用规定的任何修正。

（2）修正符合第40b条第（1）款规定，且不涉及第40b条第（3）款规定的拒绝注册事由的，工业产权局应当将该修正记录在注册簿上。对证明商标使用规定的修正，自记录在注册簿之日起生效。

第 40d 条　证明商标的撤销和宣告无效

（1）除第31条规定的事由外，发生以下任一情况的，经申请，工业产权局应当撤销证明商标：

a）证明商标的所有权人不符合第40a条第（2）款要求的；

b）证明商标的所有权人未采取合理措施，阻止以违反使用规定（包括记录在注册簿上的任何修正）要求的方式使用该证明商标的行为的；

c）已登记的使用规定修正违反第40b条第（1）款或第（3）款规定的，但证明商标所有权人再次修改使用规定使其符合本条要求的除外；

d）获授权主体使用该证明商标的方式，容易以第40b条第（3）款c）项规定方式导致公众产生误解的。

（2）宣告证明商标无效的，适用第32条的规定；应在第40a条第（1）款规定的范围内考虑证明商标是否符合第4条b）项的要求。证明商标违反第40b条第（3）款规定的，除非商标所有权人再次修改使用规定，使其符合第40b条第（3）款的要求，工业产权局应当根据商标无效宣告申请，宣布该证明商标无效。

第10章　工业产权局的一般程序规定

第41条　提　　交

（1）除注册申请外的其他任何提交，均需包含与该提交相关的商标注册申请的号码或商标注册的号码。

（2）根据本法规定，程序的当事方应当通过其身份信息证明其身份。自然人应当通过其姓名、公司名（如有）、居住地址或外国居住地址、国籍和邮寄地址（如有）来证明其身份。法律实体应当通过其公司名、公司地址和邮寄地址（如有）证明其身份。当事方也可以通过其他由其提供的信息证明其身份，并允许工业产权局使用来自公共管理部门根据其他法律运营的信息系统的信息。❶

（3）向工业产权局提交的任何内容应当使用捷克语。可通过纸质形式或电子形式提交。

第42条　申　　诉

（1）自工业产权局作出的决定送达之日起1个月内，可以对该决定进行申诉。申诉应具有中止效力。申诉期限不可延长、不可免除。

（2）申诉理由必须在提出申诉后的1个月内提交给工业产权局。该期限不可延长、不可免除。

第43条　逾期豁免

（1）如果当事人能够证明，非因其自身过错导致其无法遵守法定期限或工业产权局规定的期限，除非本法另有规定，工业产权局应根据当事人的申请，恢复其错过的期限。

（2）第（1）款规定的申请，必须在阻碍其遵守期限的事由终止之日起2个月内提出，但最迟不超过该行为法定期限逾期后12个月。申请人必须在申请中说明未能履行该行为的理由，并履行之前未履行的行为。该期限不可延长、不可免除。

---

❶　经修订的关于基本登记册的第111/2009号法令，经修订的关于人口登记和出生证号码（人口登记法）和若干其他法律修正案的第133/2000号法令，经修订的关于外国人在捷克境内居住和若干其他法律修正案的第326/1999号法令。

第44条　注册簿和官方公报

（1）工业产权局应备有一份注册簿，记录本法及工业产权局规定的商标申请和注册商标的重要详情。

（2）注册簿是开放给公众查阅的公共清单，任何人均可复制和摘录。经申请后，工业产权局应签发经官方认证的注册簿的完整摘录或部分摘录、全部或某项注册的复制件，或证明特定信息不存在于注册簿中的证书。该证书确认摘要或复制件与注册簿中的信息相一致。

（3）在收到商标注册申请修正或相关部门对注册商标进行修正的最终决定后，工业产权局应当及时将该修正录入注册簿。工业产权局应当及时修正注册簿中的错误，并告知与该修正相关的当事人。

（4）注册簿以电子形式保存，工业产权局应在其网站上公告注册簿的信息。

（5）民法典中规定的争议性❶，只能涉及注册簿中指认商标所有权权属的信息。

（6）注册簿应包括以下信息：

a）注册申请的号码；

b）商标的注册号码；

c）申请日期；

d）优先权日期；

e）在官方公报中公告申请的日期；

f）商标注册录入注册簿的日期，亦是第13条第（1）款规定的5年期限的起算日期；

g）文字、图案或商标的其他表达；如果商标包含除拉丁文以外的其他字母，且申请人在申请中提到了该等字母，应当记录该等文字的拉丁文音译；

h）商标是否包含单一或多种色彩，包括颜色的名称和代码（根据通用颜色代码确定）；

i）商标的图形要素类别；❷

j）商标申请人或所有权人的信息；

---

❶　民法典第986条。

❷　关于商标图形要素国际分类的维也纳协定，1973年6月12日在奥地利维也纳通过，并于1985年10月1日补充。

k）商标的类型；

l）商标注册的商品或服务，根据国际分类表的类别顺序呈现（包括类别代码）；

m）保护范围限制；

n）商标或商标申请的转让或转移，包括受让人的身份信息；

o）商标或商标申请上的其他权利，以及受益人的身份信息；

p）商标或商标申请的许可，以及被许可人的身份信息；

q）商标的续展日期；

r）获授权使用集体商标的法律实体的成员或股东的身份信息；

s）获授权使用证明商标的主体，以及证明商标的使用规定（包括其修正）；

t）商标申请人或所有权人的代理人的身份信息；

u）商标撤销、宣告无效或其他形式的终止，包括商标权的放弃；

v）工业产权局规定的其他重要事项。

（7）由工业产权局发布的官方公报，用于公告特定商标的申请、注册和任何进一步信息，或由工业产权局发布的公告和一般信息，以及其他官方通知和重要决定。

第 45 条

（1）除本法另有规定外，行政程序法适用于商标程序，但有关以下事项的规定除外❶：授权不限次数参与程序的委托书；对外国政府机关签发的公共文件上的官方盖章和签字的认证；程序中止、❷ 决定作出期限；❸ 防止不作为的规定；❹ 上诉程序的特殊规定；❺ 上诉委员会组成；上诉程序可能终止的情况；❻ 因丧失上诉选择而禁止变更争议决定。❼

（2）在根据申请启动的程序中，工业产权局应根据当事人的陈述和提供的证据作出决定。

---

❶ 行政法典第 33 条第（2）款 c）项。
❷ 行政法典第 53 条第（4）款。
❸ 行政法典第 64 条和第 65 条。
❹ 行政法典第 71 条第（1）款和第（3）款。
❺ 行政法典第 80 条。
❻ 行政法典第 152 条第（3）款和第（5）款。
❼ 行政法典第 90 条第（1）款 c）项。

（3）可以根据其他法律规定，对工业产权局作出的最终决定提起诉讼。❶

第45a 条　已废止

第11章　国际事宜

第46 条

（1）在《巴黎公约》缔约国或世界贸易组织成员内拥有实体商业或工业机构、永久居留权或永久居所的个人，或上述成员的公民，与捷克国民或在捷克拥有实体商业或工业机构或永久居留权的主体，享有相同的权利；不属于《巴黎公约》缔约国或世界贸易组织成员的公民，或在前述成员拥有企业、永久居留权的个人，只在互惠条件下方享有本法所规定的权利。

（2）在捷克境内没有实体商业或工业机构、永久居留权或永久居所的人员，必须依据相应法律，由代理人代表参加商标程序。❷

（3）本条第（2）款的规定不适用于：欧盟成员国或欧洲经济区成员国的国民（自然人），在捷克境内有居所或在捷克境内提供服务的个人，总部或商业活动地设在欧盟成员国境内或欧洲经济区成员国境内的法律实体，以及在捷克境内定居或提供服务的主体。该等主体必须在捷克境内拥有服务地址，供工业产权局实施相关程序，关于商标注册申请、商标注册的官方文件将投递至该地址。

◆ **国际注册申请**

第47 条

（1）在捷克境内拥有实体商业或工业机构、永久居留权、永久住所的个人或捷克国民，可以根据《马德里协定》，向工业产权局的中间机构申请商标的国际注册，或申请修改商标的国际注册。

（2）商标国际注册的申请人必须根据《马德里协定》缴纳实施第（1）款行为的费用；工业产权局应在官方公报中公告国际协议规定的费用数额。

---

❶　第150/2002 号法令（行政法院法），经过第192/2003 号法令修改。

❷　关于律师职业的1996 年第85/1996 号法令，以及经修订的关于专利代理人的1991 年第237/1991 号法律。

第 48 条

（1）指定捷克的商标国际注册申请，与本国商标的注册申请效力相同。

（2）指定捷克的国际商标注册申请的异议期限，自商标在世界知识产权组织国际商标公报刊登之月起的次月的第 1 日起算。❶

（3）在捷克受保护的国际注册商标与本国注册商标效力相同。

第 48a 条　商标国际注册申请的要求

（1）商标已在注册簿上登记的，商标国际注册申请应包括：

a）商标的注册号码；

b）与注册簿中相同的文字或图样；商标是以非拉丁字母申请注册的，或者包含非阿拉伯或非罗马数字的，应当按照法语或英语语音，将其音译为拉丁文本以及阿拉伯数字；

c）申请人的身份信息，其应与注册簿中的所有人的身份信息或代理人的身份信息（如有）相同；

d）商品或服务名录，其不应当大于商标注册的商品或服务名录，带有法语或英语准确翻译，根据国际分类表分组，每组前标上类别代码；

e）寻求保护的《马德里协定》缔约国名录；

f）根据《马德里协定》需缴纳费用的缴纳方式；缴纳人的身份信息，或者（如果有）世界知识产权组织国际局签发的收据单号；

g）如果商标是彩色的，列出该商标颜色的法语或英语名称；说明商标是否包含一种或多种颜色（如果适用）；

h）《马德里协定》或《马德里议定书》规定的其他要求。

（2）商标尚未注册的，商标国际注册申请应当包括申请相关信息、向工业产权局申请注册的日期，以及第（1）款 b）至 h）项规定的信息。

（3）纸质商标国际注册申请应当附上尺寸最小 15 mm × 15 mm、最大 80 mm × 80 mm 能够清晰重现所有细节特征和颜色（如有）的图样。工业产权局应当在其网站上公布电子版图样的技术要求。申请注册的标志（包括颜色），应当与申请中的标志或已注册的商标相同。

---

❶《建立世界知识产权组织的公约》，1967 年 7 月 14 日在瑞典斯德哥尔摩签署，经第 69/1975 号法令公布，经第 80/1985 号法令修订。

第 48b 条　请求在商标国际注册簿上登记国际注册修正的要求

请求应包括：

a）国际商标的注册号码；

b）国际商标注册的申请号码（如有）；

c）国际商标所有权人的身份信息；

d）申请修正的信息；

e）根据《马德里协定》或《马德里议定书》需缴纳费用的缴纳方式、缴纳人的身份信息，或者世界知识产权组织国际局出具的缴费收据单号（如有）；

f)《马德里协定》或《马德里议定书》规定的其他要求。

第 12 章　根据欧盟商标法规定的欧盟商标

◆ 欧盟商标

第 49 条　已废止

第 50 条　转为本国商标申请

（1）申请人在官方通知送达后 2 个月内，完成以下所有行为的，工业产权局应当根据《欧盟商标条例》第 139 条的规定，审查将欧盟商标申请或欧盟商标转为本国商标申请的请求：

a）缴纳管理费用；

b）提交该请求及其附件的捷克语译本；

c）指明在捷克境内的送达地址；

d）提交商标的文字、图样或其他商标图示。

（2）工业产权局应对由已注册的欧盟商标转化的商标进行登记，无须任何其他要求，其优先权日为欧盟商标的登记日；工业产权局应在官方公报上公告注册相关信息。

第 51 条

（1）存在以下任一情况的，在加入欧盟之前善意提交申请或享有优先权的本国商标所有权人有权禁止使用欧盟商标，如果该欧盟商标的效力因捷克加入欧盟而扩至捷克境内：

a）欧盟商标与本国商标相同，且两项商标注册的商品和服务相同的；

b）由于本国商标和欧盟商标相同或近似，且商标涵盖的商品或服务相同或近似，可能导致公众混淆，包括可能使公众联想到该本国商标的；或

c）欧盟商标与本国商标相同或近似，不论商标注册的商品或服务是否相同或类似，如果本国商标在捷克享有盛誉，且无正当理由使用该欧盟商标会获得不正当利益，或损害本国商标的知名度和良好口碑的。

（2）第（1）款所述的本国商标所有权人，可以就因在捷克境内使用欧盟商标遭受的损失，在关于工业产权权利的执行及修改保护工业产权的法律的第 221/2006 号法令（工业产权权利执行法）规定的范围内，主张损害赔偿。

第13章　违法行为

第51a条

（1）自然人、个人经营者或法律实体未经许可使用商标的，构成违法行为。

（2）实施第（1）款所述违法行为时，最高可处以 250000 捷克克朗罚款，或颁布禁令。

（3）法律实体或个人经营者实施第（1）款所述违法行为的，可同时公告处罚决定。

（4）实施第（1）款所述违法行为的，应由拥有扩大权限的市政部门审理。

（5）实施第（1）款所述违法行为的，不能通过当场决定处理。

第14章　过渡性和授权规定及废止

第52条　过渡性规定

（1）根据先前法律注册的商标仍然有效。因商标注册违法申请宣告商标无效的，商标是否可予注册应根据商标申请注册时的有效法律进行审查。但是，商标注册符合本法规定的，不得宣布该商标无效。

（2）在本法生效时注册申请程序尚未完成的，适用本法。该程序中的程序性行为效力不变，并应根据本法予以审查。在本法生效前提交的申请存在不足，且该不足妨碍申请审查的，工业产权局应要求申请人弥补该等不足，

并为此规定适当的期限。

（3）申请在本法生效前已公告，但本法第 25 条规定的异议期限在本法生效前尚未到期的，可依据本法第 7 条在规定的期限内提出异议，但最迟在本法生效后 1 个月内。在商标核准注册之前，工业产权局还应审查是否满足本法第 1 条、第 2 条、第 5 条和第 6 条所要求的注册条件。

（4）在本法生效前，根据前法第 25 条提交申请删除登记的，应当视为商标撤销或者宣告无效申请，根据本法的规定进行审查，并具有本法规定的效力。

（5）根据前法第 25 条第（2）款和第（3）款规定提起商标撤销程序，在本法生效之日尚未完成的，撤销程序的申请人必须依照本法第 13 条的要求，向工业产权局提交在先商标的使用证明。

（6）根据前法第 26 条申请删除注册商标登记的，可以在本法生效后 1 年内提出。

（7）集体商标根据先前法律注册，现所有权人未设立专门法律实体的，可以在本法生效后 1 年内设立。该期限届满未成功设立的，集体商标现所有权人间的关系受调整共有关系的一般法律调整。

（8）本法生效前商标注册产生的关系，受本法调整。但是，该等关系成立以及由此产生的主张应根据关系成立时有效的法律予以考虑。

（9）根据第 174/1988 号法律第 18 条宣告的驰名商标，在第 137/1995 号法律第 42 条第（3）款规定的期限内仍然有效。

第 53 条　已废止

第 54 条　废　　止

以下法律已废止：

1. 经修订的关于商标的第 137/1995 号法律；
2. 关于商标法实施的第 213/1995 号法律。

第 2 部分　对法院和法官法的修改

第 55 条

法院、法官、非职业法官和州法院管理及若干其他法律修订法（第 6/2002 号法律，以下简称"法院和法官法"）第 39 条的现有规定应标记为第

（1）款，并增加第（2）款，内容如下：

"（2）依据欧共体理事会 1993 年 12 月 20 日关于共同体商标的第 40/1994 号条例第 92 条，在捷克，由布拉格市政法院作为欧盟商标的一审法院。"

第 3 部分 生 效

第 56 条

本法自 2004 年 4 月 1 日生效，但第 1 部分第 2 条 c）项、第 3 条 a）项第 3 点和第 3 条 b）项、第 7 条第（1）款 e）项、第 11 条第（2）款、第 46 条第（3）款、第 12 章和第 2 部分，应自捷克加入欧盟的条约生效之日生效。

第 286/2018 号法令第 2 条　过渡性规定

1. 对于根据第 441/2003 号法令，在本法令生效日期之前提出并且在此日期之前尚未结束的申请，应适用第 441/2003 号法令的相关规定，该法令已从本法令生效日期起生效。

2. 如果在本法令生效日期之前提出的申请存在瑕疵，根据本法令生效后的第 441/2003 号法令，这些瑕疵将阻碍其处理的，工业产权局将要求申请人予以纠正，并确定合理的期限。

3. 如果在本法令生效日期之前针对商标登记提出了异议，则根据本法令生效后的第 441/2003 号法令进行评估。

4. 如果商标申请程序是根据第 441/2003 号法令，在本法令生效日期之前进行的，并且拒绝申请的原因是根据第 441/2003 号法令在本法令生效日期之前的第 7 条第（1）款 k）项中提到的异议，则工业产权局将不考虑这些异议，并终止与之相关的程序。

5. 提交有关早期商标正常使用的证据的请求可以由以下人员提交：

a）根据本法令生效后的第 441/2003 号法令第 26a 条，在本法令生效日期起提交的异议程序的申请人；

b）根据本法令生效后的第 441/2003 号法令第 32c 条，在自本法令生效日期起启动的无效宣告程序中的在后商标所有权人；

c）根据本法令生效后的第 441/2003 号法令第 10a 条，在自本法令生效

日期起启动的商标权侵权司法程序中的被告。

6. 自本法令生效日期起，可以根据本法令生效后的第 441/2003 号法令第 29a 条第（1）款的规定，提出针对工业产权局局长的决定，请求恢复商标注册。

7. 对于根据第 441/2003 号法令在本法令生效日期之前开始并且在此日期之前尚未结束的撤销商标或宣告商标无效的程序，应适用本法令生效后的第 441/2003 号法令。然而，本法令生效后的第 441/2003 号法令的第 31a 条第（5）款、第 32b 条第（3）款和第 32c 条不适用。对于早期商标未使用的后果，应根据第 441/2003 号法令在提出申请的日期评估。

8. 如果商标宣告无效的理由是因为其注册违反了法律，应根据该商标在注册登记表中的登记日期，适用第 441/2003 号法令注册时规定的条件进行评估。

9. 在所有截至本法令生效日期之前尚未结束的程序中实施的行为的效力保持不变，并应根据本法令生效后的第 441/2003 号法令进行适当评估。

10. 如果在本法令生效日期之前已经注册了集体商标，并且在申请提交时未满足第 441/2003 号法令在本法令生效日期之前的第 36 条第（2）款中的要求，所有者有责任在本法令生效日期后的 12 个月内提交集体商标使用协议。如果这一期限届满后未能成功，集体商标将被视为由注册表中列出的作为可使用集体商标的成员、合作伙伴或参与者共同拥有的个人商标。

附件 1　第 441/2003 号法令　商标种类及其表达方式

1. 仅由拉丁字母、阿拉伯数字、罗马数字、其他常见排印字符或它们的组合构成的文字商标，其表达方式是以常用字体和布局呈现标识的复制品，不包含任何图形元素或颜色。

2. 图形商标，由非常规字符、样式或布局、图形元素或颜色组成，包括仅由图形元素或文字和图形元素的组合构成的商标，其表达方式是呈现标识的复制品，展示其所有元素以及可能的颜色。

3. 三维商标，由或补充了三维形状，描绘容器、包装、产品本身或其形状的元素组成，其表达方式是通过呈现形状的图形复制品，包括计算机生成的图像或摄影复制品。图形或摄影复制品可以包括不同的视角。

4. 位置商标，以特殊方式放置在产品上或固定在产品上的商标，其表达方式是通过适当确定商标的位置和在相应产品上的大小或比例的复制品。不构成注册对象一部分的元素最好以虚线或点线标出。表达方式可以包括详细描述，清楚说明商标与产品的连接方式。

5. 图案商标，由一组规律重复的元素组成，其表达方式是通过展示重复的图案的复制品。表达方式可以包括详细描述，清楚说明这些元素如何定期重复。

6. 颜色商标，仅由颜色或仅由颜色组合构成，没有轮廓，应以以下方式表达：

a）展示该颜色的样本或图片，并通过引用普遍承认的颜色代码加以标识；或

b）展示以统一和预先确定的方式排列的颜色组合的样本或图片，并通过引用普遍承认的颜色代码标识这些颜色；颜色商标还可以附带描述，详细说明颜色的排列。

7. 声音商标，仅由声音或声音的组合组成，其表达方式是通过展示复制声音的录音或在音乐谱中准确记录声音。

8. 动态商标，以商标上元素的移动或位置变化形成或补充，其表达方式是通过呈现视频记录或按照相应顺序展示的一系列静态图像，展示运动或位置变化。如果使用了静态图像，可以编号或附说明以解释它们的顺序。

9. 多媒体商标，由图像和声音的组合组成或补充，其表达方式是通过呈现包含图像和声音组合的音视频录音。

10. 全息商标，由具有全息特征的元素组成，其表达方式是通过呈现视频记录或图形或摄影复制品，包括必要的预览，以全面地展示全息效果。

11. 其他类型的商标，不符合上述任何商标类型的，可以使用任何合适的形式，利用普遍可获得的技术进行表达，以便在商标登记中能够清晰、准确、独立、易于获取、易于理解、持久且客观地复制，从而使相关机构和公众能够清晰准确地确定商标所有者享有的保护对象。表达方式可以附带描述。

附件2　第441/2003号法令　证明商标使用规则的要素

证明商标使用规则必须包括：

a）申请人的身份信息；

b）声明申请人符合第40a条第（2）款规定的要求；

c）证明商标的文字描述、图形呈现或其他表达方式；

d）适用于证明商标的产品或服务；

e）应该通过证明商标认证的产品或服务的特征，例如材料、产品制造或服务提供方式、质量或准确性；

f）证明商标使用条件，包括惩罚措施；

g）有权使用证明商标的人员；以及

h）测试产品或服务特性的方法和对证明商标使用的监督。